LA TERRE
EN PARTAGE
ÉLOGE DE LA BIODIVERSITÉ

Depuis sa création en 1990, la Fondation Nicolas Hulot pour la Nature et l'Homme
s'est donnée pour mission de modifier les comportements de chacun pour préserver la Terre.
Dédiée à l'éducation à l'environnement et reconnue d'utilité publique,
elle sensibilise ainsi jeunes et adultes aux richesses et à la vulnérabilité de la nature.
Pour en savoir plus : www.fnh.org

Fondation
NICOLAS HULOT
pour la Nature et l'Homme

LA TERRE EN PARTAGE

ÉLOGE DE LA BIODIVERSITÉ

Éditions
de La Martinière

PRÉFACE

Au cours de mes voyages aux quatre coins de la terre, j'ai souvent eu l'impression d'arriver juste à temps. Juste à temps pour découvrir les reliques d'un monde qui va disparaître.

Notre Terre a atteint un seuil de vulnérabilité sans précédent, et les espèces sont menacées aujourd'hui d'une « ultime extinction ». De cette catastrophe, l'humanité endossera le rôle de responsable mais aussi celui de victime. Car nous ne pouvons plus nier notre communauté de destin avec l'ensemble du vivant.

Dans ce chaos que nous risquons de provoquer, nous ne pouvons imaginer une seule seconde tirer seuls notre épingle du jeu. Un tel sentiment relèverait de l'aveuglement. Le progrès et l'hypertrophisation de la technique, dans lesquels nous sommes englués, ont troublé notre interprétation de la réalité. « À force de vouloir posséder, nous sommes nous-même possédés », disait Victor Hugo. Et nous nous mentons à nous-même. Dans le regard que nous portons sur les êtres et les choses, dans notre obstination à croire que les problèmes s'arrangeront tout seuls. Pourtant, le monde est un tout. Nous sommes partie prenante et dépendante de la nature qui nous entoure.

Assisterons-nous alors, quasiment impuissants, à ce qui pourrait bien devenir une profanation à l'échelle planétaire ? On altère les écosystèmes, on compromet l'avenir de l'humanité, on met la vie en jeu. Pourtant, les mots de Gandhi nous rappellent que « le monde contient bien assez pour les besoins de chacun mais pas assez pour la cupidité de tous ». Comment alors assurer les ressources dont la population mondiale a besoin dans le présent et l'avenir ?

Il est grand temps de refuser que les événements nous conduisent, grand temps de reprendre notre destin en main. Et aujourd'hui, il n'y a pas d'autre alternative que de construire un nouveau rapport au monde, à l'homme et à l'ensemble du vivant. Car il est une certitude : le monde de demain sera radicalement différent du nôtre, de gré ou de force.

Le défi écologique – le respect de la biodiversité, les changements climatiques – est probablement l'ultime mais aussi la plus magnifique occasion de redonner du sens au progrès et à notre existence. Passons du siècle des vanités à celui de l'humilité. Plaçons au centre de nos valeurs l'accord avec soi-même et avec les autres. Étendons notre devoir de solidarité aux générations suivantes, acceptons notre responsabilité écrasante face à elles et soyons comptables de nos actes afin de ne jamais lire dans les yeux de nos enfants l'échec de notre orgueil.

Mais ne limitons pas nos efforts à la seule protection de la vie humaine. Étendons-la à l'ensemble du vivant. Respectons cette biodiversité dont notre propre destin est solidaire.

Ces pages sont d'abord un hymne au Vivant, un flamboyant voyage au cœur de la biodiversité. Cet ouvrage ne peut révéler qu'une infime partie de ce que le vivant recèle de magnifique et de sublime mais il n'oublie pas de remettre l'Homme à sa place et face à ses responsabilités dans son cadre de vie immédiat comme dans des espaces dits sauvages. Tout être a sa place et nous devons apprendre à retrouver la nôtre au cœur de la nature, nous qui avons trop longtemps cru en occuper le centre. Puis en filigrane, le lecteur découvrira dans ce livre combien l'homme est capable de réduire, parfois à néant, la formidable machine de vies et d'innovations que sont la nature et les espèces.

Exerçons sur cette Terre une vigilance globale et non une domination aveugle. Dans ce défi du développement durable au sein duquel le respect de la biodiversité est évidemment essentiel, il y a pour nos sociétés une magnifique occasion d'ériger de nouvelles formes de solidarité. Je rêve que l'humanité recouvre enfin ses esprits et réalise que sa raison d'être est d'accompagner le devenir des espèces, sans se considérer en dehors de la nature. Nous devons tous ensemble appeler à une mobilisation générale des consciences et partager cette conviction que le sort de l'homme ne peut en aucun cas être distinct de celui des êtres vivants. Prendre conscience que notre planète est fragile, qu'elle est aujourd'hui fatiguée de subir les assauts répétés de l'homme, c'est déjà faire un grand pas dans une nouvelle direction. C'est aussi le moyen de consacrer deux nouvelles formes de solidarité : la solidarité avec le futur et la solidarité avec l'ensemble des êtres vivants.

Mais les choses vont vite à présent : réchauffement climatique, destruction et disparition des milieux naturels, pollutions de toute nature. Il est plus que temps de réagir si nous ne voulons pas, demain – décideurs et politiques mais aussi chacun de nous – être accusés devant l'histoire de non-assistance à planète en danger.

Le philosophe Cioran disait : « L'homme est un animal qui a trahi, et l'histoire est sa sanction. » Puissions-nous collectivement lui donner tort !

Nicolas Hulot

SOMMAIRE

Rivières, fleuves, marais, grandes zones humides sont en quelque sorte le berceau de la vie terrestre. Des eaux douces naissent bien des animaux. C'est, avec les forêts tropicales, l'un des derniers grands refuges de la biodiversité sur Terre. L'assèchement des grands milieux humides est aujourd'hui un fléau dont les conséquences sont dramatiques pour le vivant.

Dernier refuge où la présence de l'homme est encore épisodique, les montagnes sont cependant de plus en plus sous son emprise. Éventrées par les stations de sports d'hiver en Europe, elles voient également leurs glaciers fondre à vue d'œil. Resteront-elles longtemps à l'écart des grands bouleversements écologiques ?

Tropicales ou tempérées, de haute montagne ou boréales, les forêts restent un réservoir extraordinaire de biodiversité. Dans le même temps, elles sont exploitées – notamment les forêts tropicales – de façon intensive par l'homme, et chaque année, c'est presque la superficie de la France qui est ainsi rayée de la surface terrestre.

Dernier écosystème à être apparu sur Terre, forgé par la main de l'homme, les milieux urbains sont aussi de formidables laboratoires du vivant. On y voit des espèces (animaux et plantes) développer des stratégies incroyables pour (sur) vivre dans cet environnement apparemment hostile. Et les capacités d'adaptation de certaines d'entre elles suscitent l'admiration.

Océans

La mer est sans doute aujourd'hui le dernier grand écosystème à découvrir... Notre vision reste très accrochée à ce qui se passe sur l'eau. Mais il y a aussi cette vie grouillante, diverse et... inconnue sous l'eau. Ce sont, finalement, deux mondes qui se côtoient mais qui restent étrangers l'un à l'autre. Les marins n'aiment pas mettre la tête sous l'eau, et, à l'inverse, les plongeurs ne goûtent pas vraiment les joies de la navigation. Il est troublant de penser que l'on peut naviguer toute sa vie sans avoir conscience de ce qui se passe à quelques mètres sous ses pieds.

Accompagnée de ses poissons escorteurs, la raie manta croise au large de Rangiroa, en Polynésie-Française, dessinant dans l'eau un tableau abstrait. Les poissons sont des rémoras dont la fonction consiste à débarrasser la raie (ou le requin) des parasites se trouvant sur sa peau. Quand ils sont trop nombreux autour d'elle, la raie peut sauter hors de l'eau pour s'en délivrer.

Sur l'eau, on peut témoigner de ce que l'on voit, notamment ce qu'il y a de plus *terrestre* dans le milieu marin : oiseaux, mammifères marins, mais aussi l'aspect émergé de certains désastres comme les marées noires. Sous l'eau, c'est le lieu de l'inconnu. On touche à l'intime, au secret et, surtout, au *fonctionnel* du milieu marin. Or, les grands enjeux des mers et des océans, leur avenir, c'est justement en dessous que cela se passe ! C'est pourquoi nous avons une vision assez superficielle des océans et qu'il nous faut faire la plus grande abstraction pour comprendre ce qui s'y déroule.

J'ai la chance d'avoir pu visiter ce monde sous-marin un peu partout sur notre planète. C'est toujours un moment très fort. D'abord, on ne se jette pas à l'eau : on s'y glisse. On rentre véritablement dans ce milieu comme on pénètre dans une cathédrale. Ce n'est pas un monde que l'on force, c'est un monde où l'on doit s'effacer. On regarde, on observe, mais on ne touche à rien, autant que possible. Grâce à des amis scientifiques, j'ai découvert aussi que dans ce vaste océan, le spectaculaire n'est pas forcément les plus gros animaux. Il y a la multitude de vies minuscules qu'il faut apprendre à voir. L'apprentissage du regard sous l'eau est une expérience difficile mais indispensable si l'on veut comprendre comment fonctionnent les océans.

Les grands enjeux des mers et des océans, leur avenir, c'est justement en dessous que cela se passe !

Les études scientifiques les plus récentes sur la mer révèlent que 99 % des espèces marines ne seraient pas connues. Et que l'essentiel de la biodiversité de la planète se trouve dans la mer. Selon les estimations actuelles, on connaît environ 250 000 espèces marines, et l'UICN estime qu'il existerait entre 500 000 et peut-être un million d'espèces vivant dans les fonds marins.

La France, deuxième pays maritime du monde, avec ses 11 millions de km^2, ne connaît pas sa mer. Seul pays du monde présent dans les quatre océans et dans cinq des vingt-cinq points chauds de la biodiversité mondiale – Méditerranée, Caraïbes, océan Indien, Nouvelle-Calédonie, Polynésie –, la France dispose d'un patrimoine naturel marin sans équivalent, d'une diversité et d'une représentativité extraordinaires. Elle est sans doute, sans le savoir, le pays au premier rang de la biodiversité mondiale. Ce domaine maritime comprend environ 10 % des récifs coralliens et 20 % des atolls de la planète. Ainsi, l'île de Mayotte présente l'un des rares lagons à double barrière, qui abrite 17 espèces de mammifères marins. Et les terres Australes et Antarctiques Françaises abritent les communautés d'oiseaux marins les plus diversifiées au monde.

Bien sûr, les rencontres avec les grands cétacés demeurent inoubliables. Parfois, c'est le foisonnement de vies qui nous interpelle ; parfois, c'est tout simplement le rapport qu'il y a entre nous, faibles êtres humains, et les énormes créatures marines que sont les baleines. La révélation de ce foisonnement m'apparut un jour, alors que nous survolions à basse altitude, en Colombie-Britannique, un groupe immense de dauphins en déplacement. Il fallut pas moins de dix minutes à l'avion pour relier la queue du groupe à la tête ! Et il y en avait autant en largeur. Les centaines et centaines de milliers qu'ils étaient sans doute formaient une tache blanche s'étalant sur des kilomètres à l'infini. Mais d'où sortaient-ils ? Et pour aller où ? Quel est l'élément fédérateur ? Comment peut-il y en avoir autant ?
Il est ainsi des rencontres qui nous remettent à notre juste place : l'une d'elles est également d'avoir plongé parmi des baleines à bosse, à Madagascar. Trois individus en dessous, deux à côté, à moins de 10 mètres, se mouvant presque au ralenti comme dans une espèce de cosmos tant le bleu de l'eau y est profond. Et, en même temps, leurs chants qui n'ont rien à envier à ceux des plus grands orchestres philharmoniques. On entend d'ailleurs souvent les baleines sous l'eau bien avant de les voir. À ces instants-là, nos petits plaisirs terrestres sont peu de chose.

Mais ces images un peu idylliques pourraient bientôt appartenir au passé. Ici, comme dans l'ensemble des écosystèmes terrestres, l'homme est en train d'anéantir la vie. Là où il y avait de la profusion, je ne vois maintenant partout que rareté.

Les habitats côtiers et marins sont particulièrement menacés. Le littoral est un espace étroit, profondément original, dont la richesse repose sur un équilibre fragile, en particulier dans les estuaires, les baies et les lagunes. Cette richesse apparaît dans les zones intertidales, où se trouve la microfaune dont se nourrissent les oiseaux migrateurs. C'est aussi dans les zones du rivage

que l'on trouve les peuplements d'algues les plus denses, mais également les vastes prairies sous-marines de posidonies ou de zoostères. Outre leur rôle de fixation des sédiments, déterminant dans la lutte contre l'érosion des côtes, ces plantes servent de lieux de frayères et de nurseries à de nombreuses espèces de la faune marine. L'essentiel de la productivité des océans provient des milieux côtiers. C'est ainsi que près de 90 % de ce qui vit dans la mer se reproduit le long des côtes.
En zone tropicale, les mangroves sont essentielles pour la reproduction des espèces marines, véritables réserves de larves et de juvéniles pour la ressource halieutique. Quant aux récifs coralliens, leur rôle important dans les océans en fait des habitats privilégiés pour la faune marine.

Le problème, c'est que nous ne voyons pas ce qui se passe sous l'eau. Le cas de la morue est, à cet égard, exemplaire. Voici l'un des poissons les plus communs de l'Atlantique nord dont, aujourd'hui, certains scientifiques prédisent une disparition quasi totale avant la fin du XXIe siècle ! Comment cela est-il possible ? La plupart des pays d'Europe du Nord sont incapables d'atteindre les quotas de pêche qui leur ont été fixés, tellement l'espèce s'est raréfiée. Au Canada, la pêche à la morue a été totalement fermée depuis les années 1990, pour permettre à ce poisson de se refaire une santé. Pourtant, on n'a toujours pas réouvert la pêche, car la morue ne parvient pas à retrouver des effectifs corrects...
Et il n'y a pas que la morue, bien sûr. On estime ainsi que le stock mondial de poissons ne représente plus que le sixième de ce qu'il était en 1990. Dans le même temps, l'intensité de la pêche a été multipliée par huit pour pouvoir atteindre les mêmes quotas que par le passé ! Et avec 85 millions de tonnes de poissons prélevées chaque année, les trois quarts des stocks de poissons marins sont aujourd'hui surexploités. Et pourtant, on continue à voir courir sur les océans des bateaux usines posant des palangres ou traînant derrière eux des filets longs parfois de 40 kilomètres, avec un hameçon tous les mètres. Ceux-là raclent tout sur leur passage. Rien n'est épargné : ni les poissons pélagiques, ni les plus jeunes individus, pas plus que les requins ou les albatros (la plupart des espèces de ces deux familles sont aujourd'hui menacées de disparition), comme de nombreux mammifères marins, dauphins, phoques et otaries, ainsi que 6 des 7 espèces de tortues marines. Quand les filets s'emmêlent, certains pêcheurs peu scrupuleux les coupent et ce piège mortel part alors à la dérive. Cet hallali marin est l'incarnation de notre propre faillite à gérer le milieu marin qui représente plus de 70 % de la surface de la terre.

On estime ainsi que le stock mondial de poissons ne représente plus que le sixième de ce qu'il était en 1990. Dans le même temps, l'intensité de la pêche a été multipliée par huit pour pouvoir atteindre les mêmes quotas que par le passé !

L'exploitation des ressources naturelles n'est pas la seule source des maux de l'océan. La disparition des milieux côtiers, les espèces envahissantes, les pollutions par les hydrocarbures mais surtout celles venant de la terre et des activités humaines altèrent l'ensemble des écosystèmes qu'elles touchent.

Avec le réchauffement climatique, les températures des océans vont aussi augmenter, entraînant une élévation du niveau des eaux du fait de l'accroissement du volume des océans sous l'effet de la chaleur. Les prévisions indiquent une fourchette allant de 9 à 88 centimètres d'élévation du niveau des mers d'ici 2100. On imagine les répercussions sur les millions de personnes vivant sur les franges côtières. Les eaux plus chaudes perturbent également le cycle de la vie océane. Le plancton décroît ou migre en maints endroits. De l'Écosse à l'Alaska, se produisent des réactions en chaîne qui conduisent à la disparition d'oiseaux ou de mammifères marins. Dans les zones tropicales, les récifs coralliens sont également de plus en plus menacés, comme la Grande Barrière en Australie où le corail meurt et, avec lui, tout l'écosystème du récif.

Le constat est affligeant : l'homme moderne, au fil de ses succès technologiques, s'est désolidarisé du reste du vivant dans une suprême vanité. Il entretient avec l'océan, comme avec le reste de la nature, des relations distantes et unilatérales. Il épuise les ressources que celui-ci prodigue en oubliant que seule la patience du temps a su les accumuler. L'homme fait fausse route et s'enfonce chaque jour un peu plus dans une impasse planétaire. Sa puissance est en train de se retourner contre la Terre et, pourtant, comme sur le *Titanic*, l'orchestre joue à plein, couvrant le murmure inaudible de la raison.

Double page précédente : La plupart des grands cétacés des océans ont des effectifs réduits, du fait même de leur stratégie de reproduction, puisqu'ils n'ont pas de jeunes chaque année. Chez le mégaptère ou baleine à bosse (ci-dessus), la femelle donne naissance à un jeune tous les deux ans. Longtemps chassés (au moins 100 000 animaux tués au cours du xxe siècle), les mégaptères ont diminué partout dans le monde. Sur la dizaine de populations géographiques différentes, certaines sont davantage menacées que d'autres, comme celle-ci, au large de l'Alaska.

Ci-dessus : Ce jeune mégaptère a-t-il davantage de chances de survie qu'il y a 50 ou 60 ans ? S'il risque moins d'être chassé aujourd'hui (seuls 3 pays pratiquent encore la chasse à la baleine), il est toutefois confronté au manque de ressources alimentaires et au danger d'être pris dans des filets dérivants.

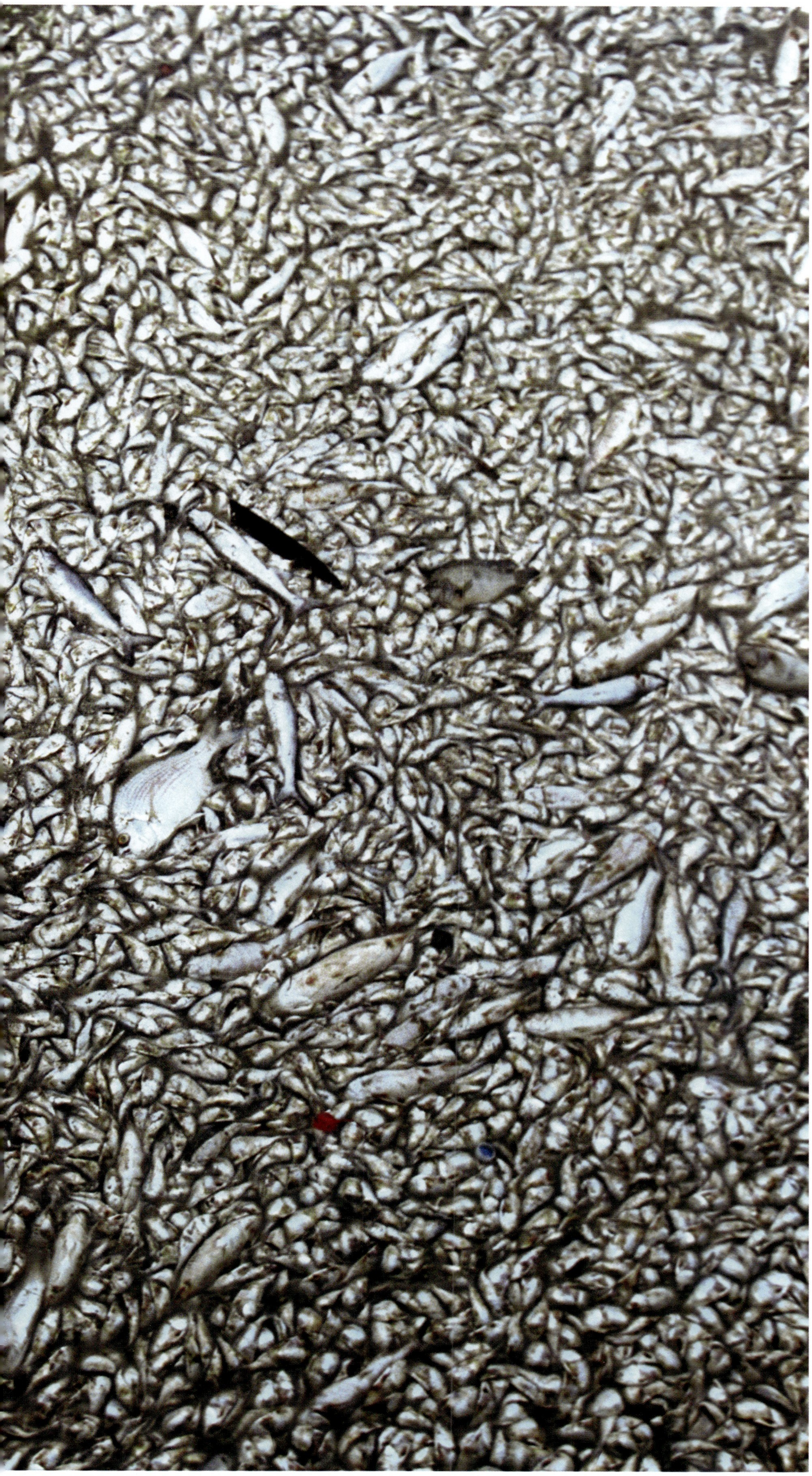

Une fuite d'égout, dans une grande ville côtière du Brésil, a provoqué une mortalité en masse de tous les poissons alentour. Des pollutions de rivières au mercure, il y a quelques années en Europe centrale, ont entraîné des hécatombes chez les poissons d'eau douce. Cela vient s'ajouter aux étés chauds et secs qui entraînent par ailleurs une surmortalité chez les poissons, notamment en rivière.

Cette porcelaine pointue se confond parfaitement avec son environnement de gorgones (coraux). Les porcelaines sont des escargots marins (gastéropodes). Chez certaines espèces, la couleur et la structure de leur manteau miment parfaitement celles de leur hôte.

Page de droite : Avec ses 2 centimètres de long, l'hippocampe pygmée est l'une des plus petites espèces. Il a été découvert en 1970 et ne vit que dans l'océan Pacifique occidental parmi les gorgones du genre *Muricella* (corail) avec lesquelles il est parfaitement mimétique.

Ci-dessus : En se regroupant en un amas compact, ces poissons ont plus de chances d'échapper aux dents de ce requin gris des îles Salomon. La plupart des requins sont cependant en mauvaise posture et leur avenir est de plus en plus menacé. Pourchassés sans relâche, on estime que les effectifs de certaines espèces ont chuté, depuis le milieu du xxe siècle, de 70 à 90 % !

Partout dans le monde, les récifs coralliens – comme ce corail-champignon – sont menacés. Le tourisme, parfois peu scrupuleux et, surtout, la récolte du corail abîment fortement les récifs et les appauvrissent. L'augmentation des températures de l'eau, liée en partie au réchauffement climatique, provoque un blanchiment du corail qui meurt sur des milliers d'hectares, comme sur la Grande Barrière de corail en Australie. Ce phénomène pourrait à long terme devenir irréversible.

Comme d'autres espèces, la crevette vir vit exclusivement sur certains madrépores, les coraux à bulles. On la rencontre de la mer d'Andaman à la mer de Chine jusqu'en Australie.

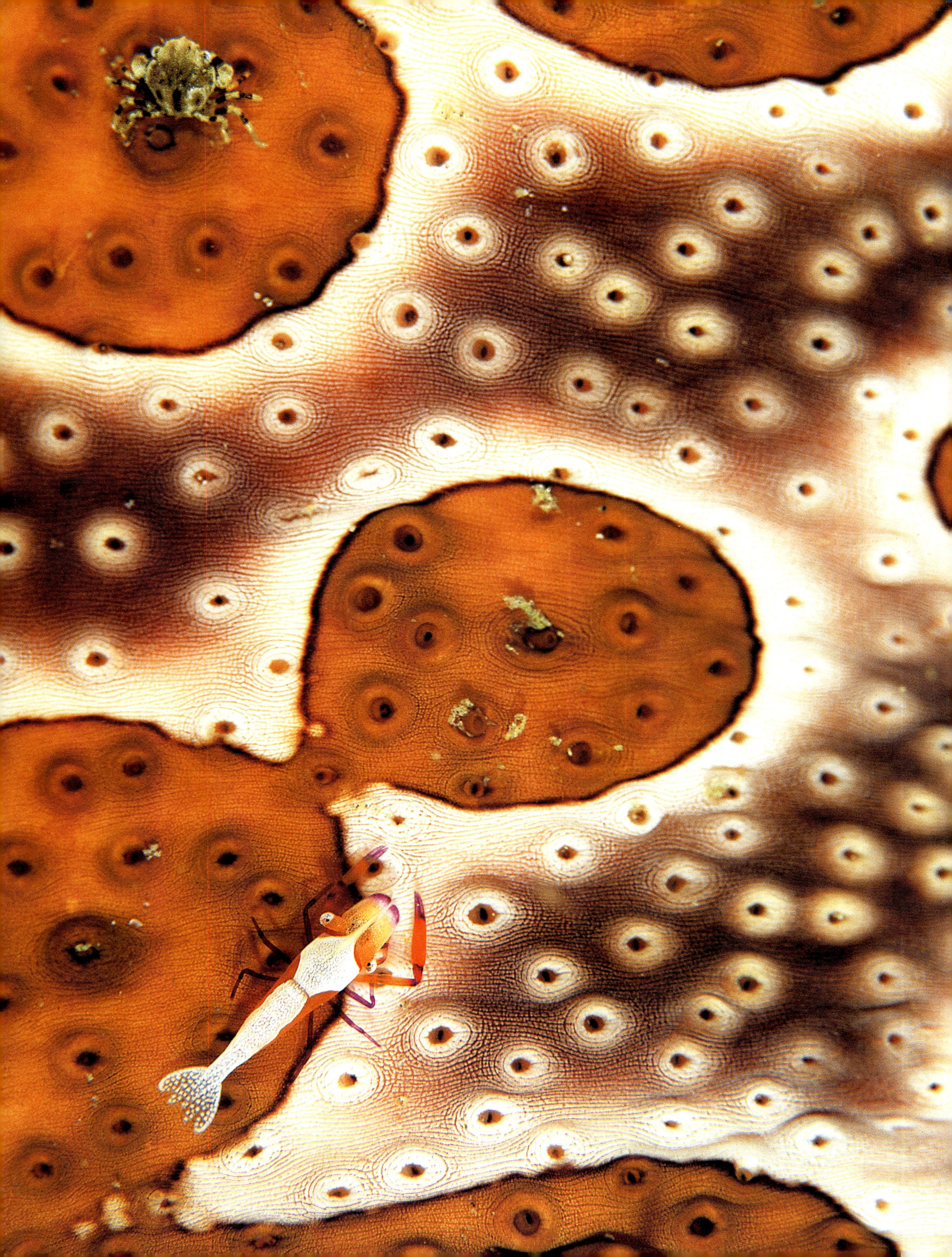

Page de gauche : On voit d'emblée un joli rapport de tons où dominent l'orange, le brun et le blanc crème. Il s'agit du détail d'un concombre de mer (ou holothurie), échinoderme produisant des substances toxiques dangereuses pour de nombreuses espèces. En observant plus attentivement, on découvre d'abord une crevette aux couleurs identiques à son hôte ; il s'agit de la crevette impériale qui vit dans une sorte de commensalisme (association étroite entre deux espèces) avec le concombre de mer : elle le débarrasse de ses déjections dont elle se nourrit, tandis qu'il la protège des prédateurs en l'accueillant. Moins visible encore, on distingue un crabe minuscule – le crabe arlequin – qui vit sur le concombre de mer, mais sans aucune interaction avec lui.

Ci-dessus : Le galathée de Wally est un minuscule crustacé (une sorte de petite langouste) qui vit sur les éponges-barriques du genre *Xestospongia*. Il possède sur son corps ce qui s'apparente à des soies capables de détecter les mouvements dans l'eau. À l'approche d'un prédateur, le galathée se réfugie dans l'une des cavités de l'éponge.

Double page précédente : Le vivaneau kasimra (ou vivaneau à raies bleues) vit également en bancs, mais de jour seulement. La nuit, les individus se dispersent pour aller chasser chacun de son côté. Ils capturent alors des petits poissons et des crustacés.

Ci contre : Les poissons des récifs coralliens sont souvent très grégaires et vivent en bancs, tels ces poissons bagnards de la mer Rouge et de la région indo-pacifique tropicale, qui se nourrissent exclusivement de plancton.

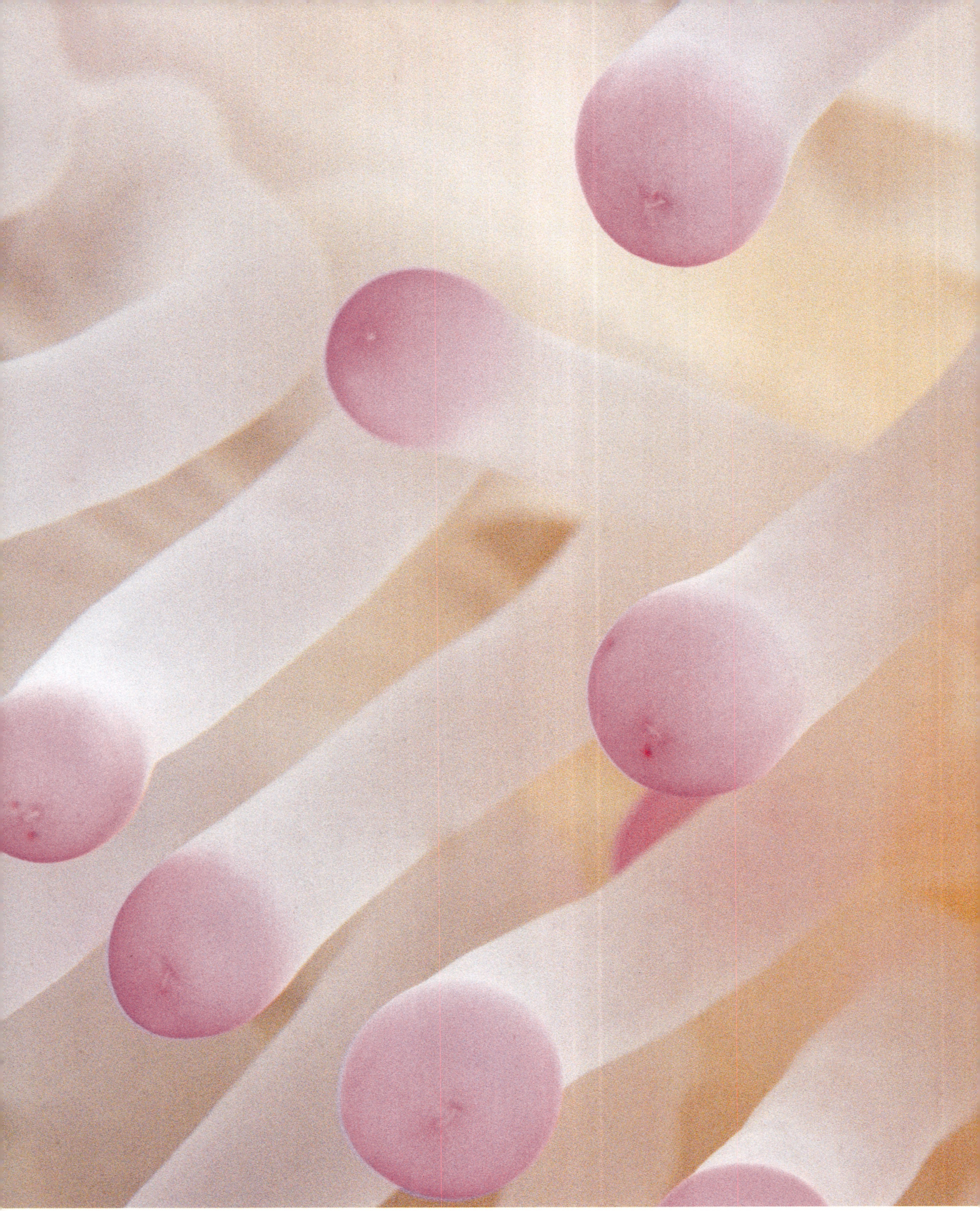

L'association entre le poisson-clown et l'anémone de mer est un parfait exemple de mutualisme. L'anémone, pourtant toxique, est sans danger pour le poisson-clown, qui sécrète un mucus le protégeant. Il peut ainsi se réfugier entre les tentacules de l'anémone de mer en cas de menace. En retour, le poisson fait office de véritable nettoyeur pour l'anémone de mer et, tout en se nourrissant, l'empêche de s'étouffer !

À voir cette image, on pourrait penser à un groupe d'astronautes effectuant des prélèvements sur la Lune ! Ce sont en fait des soldats espagnols qui, par un matin gris de janvier 2003, tentent de nettoyer le pétrole échappé du *Prestige*. Cette catastrophe pétrolière, survenue en Galice, est la plus importante qu'ait connue l'Espagne, avec 77 000 tonnes de brut répandues sur les côtes. C'est un peu « l'arbre qui cache la forêt » en matière de pollution marine, tant le « dégazage » quotidien des bateaux en mer est fréquent.

Ci-dessus : Le crocodile marin (ou indo-pacifique) est, de tous les crocodiles, le plus grand et le plus dangereux. On le rencontre souvent dans les estuaires, les récifs coralliens – d'où son nom – mais aussi en eau douce. Il est globalement menacé, pour ce qui concerne ses populations d'Australie, d'Indonésie et de Papouasie-Nouvelle-Guinée.

Double page suivante : La diversité spécifique des récifs coralliens est l'une des plus grandes dans le monde du vivant. Des milliers d'espèces se côtoient en un équilibre complexe et fragile. Ici, aux îles Salomon, le corail accueille un crinoïde – *Oxycomanthus bennetti* (à gauche) – tel un palmier nain planté sur de la rocaille. À l'instar des anémones de mer, certaines crevettes vivent en symbiose avec les crinoïdes.

Double page précédente : Dans l'écume de la mer, en Afrique du Sud, une baleine franche australe fait un instant surface pour reprendre sa respiration, à quelques mètres à peine d'un cormoran. Ce dernier n'a rien à craindre. La baleine franche est munie de fanons et se nourrit essentiellement de krill, ces minuscules crevettes, qu'elle capture en filtrant l'eau.

Ci-dessus : Cette algue superbe, appelée « kelp », est une *Macrocystis pyrifera*. C'est sans doute l'organisme marin le plus grand au monde puisqu'il peut atteindre 90 mètres de long et croître d'un mètre par jour. Elle se rencontre notamment dans les eaux au large de la Californie. Dans les forêts de « kelp », vivent et se reprodu sent une quantité de poissons et d'invertébrés marins. Introduite ailleurs dans le monde, comme en Bretagne dans les années 1970, pour développer l'industrie des alginates, cette algue s'est alors propagée de façon spectaculaire. Son arrachage semble avoir été aujourd'hui un succès.

Double page précédente : La mer n'est pas une poubelle. Quand se produit une catastrophe maritime et son cortège de pollutions aux hydrocarbures (*Erika*, *Prestige* et d'autres), il est bien difficile de récupérer la carcasse du navire. Celui-ci ira rejoindre le fond de la mer où il peut alors servir de récif artificiel à toute une guilde de poissons et d'invertébrés marins.

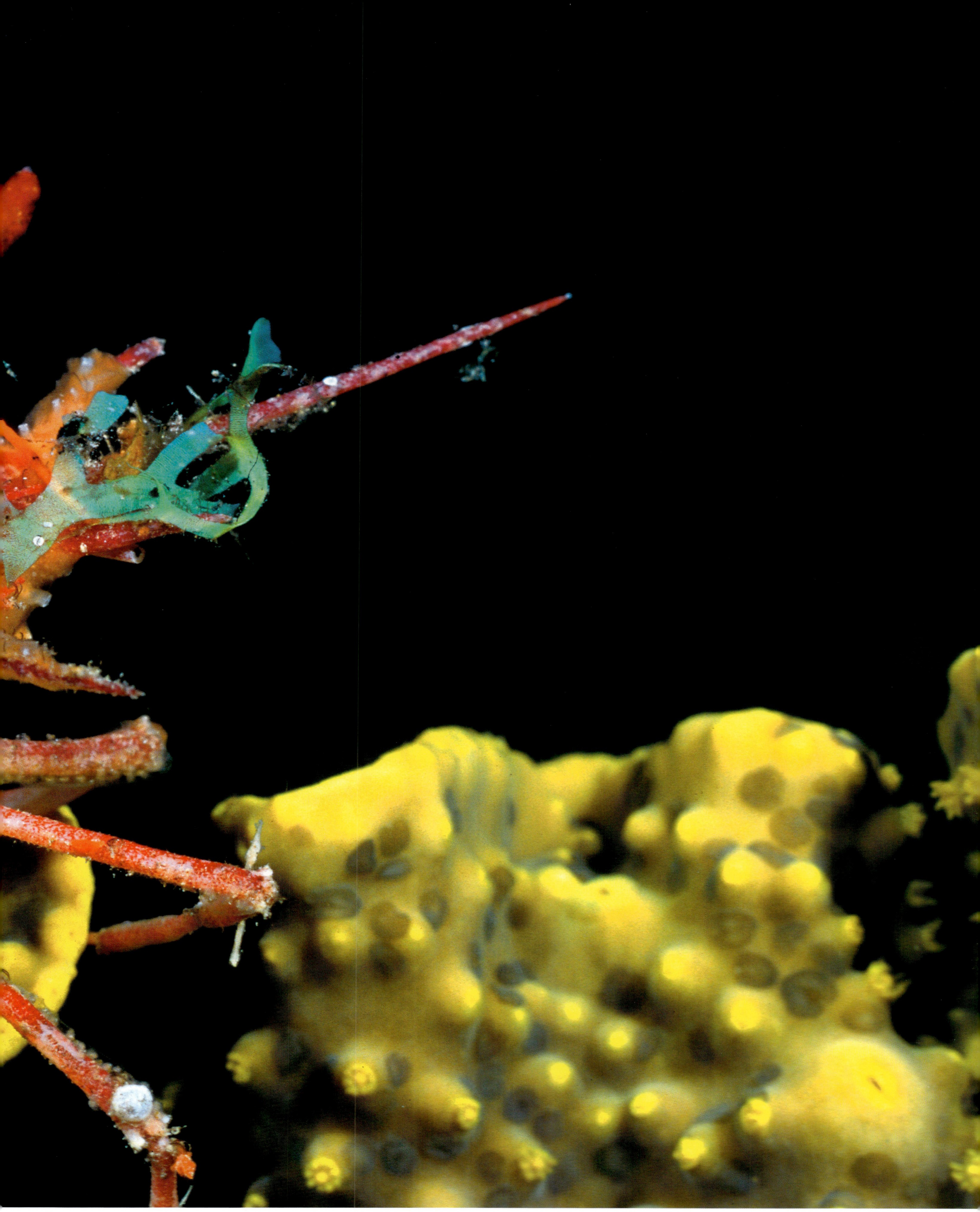

Ci-dessus : L'incroyable diversité des formes et des couleurs est un spectacle dont le plongeur ne se lasse jamais lorsqu'il explore les récifs coralliens. Malgré une infinie palette de couleurs, les espèces sont parfaitement capables de se fondre dans leur milieu et de passer totalement inaperçues. Immobile, cette petite araignée de mer est totalement invisible dans les anfractuosités du corail.

Double page précédente : Accrochée à son « kelp », la loutre marine semble couler des jours heureux dans le port de Monterey, en Californie, où elle est commune. La réalité n'est pas aussi rose. Dans toute son aire de répartition qui s'étend de cet État américain jusqu'en Alaska au nord, la loutre marine est confrontée à de nombreuses menaces : pollution des eaux et virus pathogènes en Californie, rupture de la chaîne alimentaire dans certaines parties de l'Alaska. Dans cette dernière région, la forte diminution de certains poissons a conduit les orques à délaisser leurs proies originelles (les poissons) pour se nourrir de loutres marines et décimer ainsi des colonies entières !

Ci-dessus : Le marché aux poissons de Tsukiji Ichiba à Tokyo est le plus grand du monde. Chaque jour, ce sont 2 500 tonnes de poissons qui sont ainsi traitées. Ici, les thons dominent et la consommation japonaise dépasse le million de tonnes annuel. Cependant, depuis plusieurs années, les prises diminuent du fait de l'amenuisement des stocks et la production nationale n'atteint plus les 300 000 tonnes. Si bien que le Japon doit aujourd'hui largement importer.

Ci-dessus et page de droite : On pourrait penser qu'il s'agit de deux crevettes d'espèces différentes. En réalité, la crevette des comatules, *Periclimenes commensalis*, est capable, tel un caméléon, d'arborer toute une palette de couleurs : elle finit par prendre la couleur de son hôte avec lequel elle vit en commensalisme parfait. Elle loge sur des comatules (crinoïdes proches des étoiles de mer). On rencontre cette espèce dans les mers chaudes de l'est de l'Afrique jusqu'à la Grande Barrière de corail australienne, via le Japon et la Nouvelle-Calédonie.

Ce mollusque marin qui ressemble vaguement à une limace est un nudibranche. Avec ses belles couleurs, on pourrait penser qu'il vit dans les eaux tropicales du Pacifique ou de l'océan Indien. En fait, cet individu posé sur une laminaire (algue) a été photographié en Norvège. On rencontre l'espèce, *Polycera quadrilineata*, de l'océan Arctique jusqu'en Méditerranée.

Dans l'océan Arctique, ce zooplancton est luminescent. Souvent, en mer l'étrave d'un bateau, en perturbant la surface de l'eau, provoque un sillage brillant produit par des milliards d'invertébrés minuscules. La bioluminescence est la production de lumière par des êtres vivants. Si les lucioles (les vers luisants) utilisent ce système en milieu terrestre pour attirer un partenaire sexuel, nous ne savons pas grand-chose, en revanche, du rôle de cette lumière chez les organismes marins qui en produisent.

Ci-dessus : En Chine, les plages sont désormais envahies au moment des vacances. La civilisation des loisirs, qui devient mondiale, devra rapidement prendre en compte les conséquences environnementales de son expansion pour éviter de réduire à néant les fragiles écosystèmes littoraux.

Double page suivante : Lors de grandes tempêtes comme en octobre 1987 ou en décembre 1999, lorsque l'océan se déchaîne, les bateaux de plaisance, transformés en fétus de paille, se retrouvent pêle-mêle au fond du port – comme ici à La Rochelle – et nous montrent combien nous sommes fragiles face aux éléments naturels en furie.

Déserts

Ici grandes plaines de rocailles, là véritables océans de dunes, tous les déserts s'apparentent au divin. Vents et sables sculptent les roches en des formes prodigieuses et irréelles. Les matières et les couleurs sont indescriptibles et sublimes. Lorsque l'air est limpide, l'horizon semble se perdre aux confins du monde. Baigné dans un camaïeu de gris juste avant le lever du jour, c'est brusquement et comme par magie que les couleurs apparaissent. La lumière inonde le relief que les jeux d'ombres révèlent et soulignent.

Quelques endroits sont restés épargnés par l'homme, comme ici la Monument Valley en Arizona. Il ne faut pas être dupe de l'attraction que le désert exerce sur les hommes ; tout ce qu'on prétend lui faire dire ou incarner n'est jamais que la projection de nos attentes personnelles. Il n'est qu'un révélateur, un miroir reflétant l'âme de ceux qui l'aiment ou y vivent.

J'ai eu la chance inouïe de passer quelques jours dans le désert avec Théodore Monod. Je n'échangerais ces moments pour tout l'or du monde. Des moments magnifiques. La plus belle formule qui soit au sujet des déserts, c'est justement Théodore Monod qui l'a employée : « Les déserts, c'est une somme de soustractions. » C'est une formule extraordinaire. Elle illustre si bien ce qui rend vertueux dans le désert. Il a dit également : « Ici le roi devient l'esclave du réel. » Et il est vrai que face à notre monde qui crée des leurres, dans lequel on se perd et l'on fuit notre vérité, les déserts nous ramènent à la réalité, à l'essence même de la vie. En ce sens, ils sont providentiels. Chacun devrait avoir un jour cette chance de séjourner dans un désert. C'est un écosystème spirituel, où l'on ne peut être que face à soi-même.

La désolation du Sahara, de l'Atacama, pour ne citer qu'eux, a un côté sublime, épuré, qui fait toucher à l'essentiel. Dans le désert, la vie est une économie de pénurie. À l'antithèse de la civilisation du gâchis dans laquelle nous vivons. Deux extrêmes en quelque sorte. Et connaître le désert devrait permettre à notre société de trouver le juste milieu pour assurer l'avenir de l'humanité.

Au Niger, dans l'Aïr, j'ai survolé, dans un minuscule planeur, les plus grandes dunes du globe, celles du Temet. Un vol d'ombre, où la chaleur porte et permet de flotter, de frôler les reliefs avec une impression de douceur incroyable. Au-dessus de ces dunes, au plus près du sable et de sa chaleur, dans ces volumes voluptueux et doux, on caresse le ventre du monde. C'est un plaisir presque fœtal, le souvenir d'une jouissance absolue.

Plus au sud, mais toujours en Afrique, le désert du Namib est l'un des déserts les plus touchants qui soient, car il conjugue deux atmosphères. L'une chaude, vient des terres, et l'autre glaciale, est apportée par les courants froids de l'océan. À leur confluence, sur les plages, il est alors des cohabitations irréelles entre animaux de ces deux mondes extrêmes. Il n'est pas rare que des éléphants de mer y côtoient des éléphants de savane.

Grands espaces infinis et majestueux, les déserts semblent inhabités. Pourtant, ils recèlent des trésors de vie. Il y a d'abord ces écrins de vie que sont les oasis, minuscules taches de verdure où se blottit une vie foisonnante. Une source, un puits, l'eau est là précieuse et généreuse.

Mais dans les grands espaces dénudés, le vivant existe aussi, inattendu et discret. Dans ces milieux extrêmes, les plantes et animaux du désert nous révèlent quelques-unes des adaptations formidables dont le vivant est capable. Formes, couleurs, modes de vie, stratégies de survie, chaque espèce, du microscopique aux grands mammifères, démontre l'inventivité de la vie pour subsister dans des milieux si arides et difficiles. Comment ne pas être subjugué par la floraison du désert après la pluie, miracle de vie, et preuve d'une biodiversité omniprésente ? Cette vie s'est organisée autour du brouillard et des moindres traces d'eau disponibles pour survivre. Les déserts reçoivent moins de 100 millimètres de pluies par an. Pourtant dans les regs, grandes plaines couvertes de sable et de petits cailloux, comme dans les ergs, ces immenses massifs dunaires, on découvre une faune extraordinaire qui a su s'adapter à cette contrainte extrême qu'est l'aridité.

> Vie et eau sont indissociables, et dans ces espaces où l'or bleu peut n'être qu'une brume fine et fugace, le vivant, par ses formes et ses comportements, a développé des trésors d'inventivité.

Vie et eau sont indissociables, et dans ces espaces où l'or bleu peut n'être qu'une brume fine et fugace, le vivant, par ses formes et ses comportements, a développé des trésors d'inventivité. Les plantes captent la moindre goutte d'eau à leur portée et réduisent au maximum les pertes : épines ou feuilles recouvertes de cire, la transpiration est minimale.

Les animaux, quant à eux, peuvent survivre sans boire. Les herbivores recherchent les plantes grasses riches en eau, les racines juteuses, les tubercules et les bulbes. Dotés d'un métabolisme qui leur permet d'extraire l'eau contenue dans cette végétation, ils en gardent le maximum en réduisant son élimination par des urines très concentrées, des crottes très sèches et parfois aucune transpiration.

Mais l'imposante stature des déserts ne doit pas faire oublier leur extrême vulnérabilité. Véritables géants aux pieds d'argile, les déserts se trouvent aujourd'hui face à des menaces de formes et d'ampleurs nouvelles qui les mettent en péril.

Les carnivores sont eux aussi capables de survivre sans boire, mais en utilisant l'eau contenue dans le corps de leurs proies. Le moloch, ou diable épineux d'Australie, est un reptile qui a même la faculté d'absorber l'humidité du sable. De fines rigoles sur sa peau lui permettent de récupérer les gouttelettes et de les faire parvenir jusqu'à sa bouche.

Sous le sable, dans des terriers profonds, les petits rongeurs et autres mammifères se protègent de la chaleur. Certains d'entre eux tombent en léthargie pendant les mois les plus chauds. Afin d'échapper au soleil, c'est souvent pendant la nuit, à l'aurore ou au crépuscule que les animaux partent à la recherche de leur nourriture.

Du microscopique au plus grand, végétaux et animaux ont réussi à survivre dans ces milieux extrêmes. Mais quel équilibre précaire pour cette vie funambule ! Dans ces étendues qui semblent infinies à l'échelle humaine, berceaux de vies incroyables, depuis des milliers d'années, une biodiversité surprenante s'est vu imposer des conditions de vie de plus en plus extrêmes. Faune et flore ont su s'adapter par mille ingéniosités de formes et de comportements à ces milieux si exigeants.

Mais l'imposante stature des déserts ne doit pas faire oublier leur extrême vulnérabilité. Véritables géants aux pieds d'argile, les déserts se trouvent aujourd'hui face à des menaces de formes et d'ampleurs nouvelles qui les mettent en péril.

Ces grands espaces, par leur majesté, provoquent l'envie et le défi, et ce sont des courses destructrices, organisées chaque année sans aucun respect du milieu et de la vie qui s'y cache. Je regrette pour ma part, alors jeune et fasciné par la compétition, d'avoir participé à l'une d'entre elles : le Paris-Dakar. Mais depuis, j'ai pu parcourir bien des déserts et y découvrir les surprises du vivant qu'ils recèlent et qui appellent le plus grand respect.

Le sous-sol des déserts attise aussi la convoitise, et l'homme s'implante sans limites ni précaution pour en extraire l'or noir ou les réserves d'eau non renouvelables des nappes phréatiques fossiles.

La faune des déserts – oiseaux, ongulés ou grands carnivores – est victime des convoitises, trafics et chasses sportives qui entraînent de véritables hécatombes et mettent en danger leur survie. C'est, par exemple, la chasse à l'outarde, cet oiseau du désert que les cavaliers chassaient autrefois au faucon. Aujourd'hui, c'est à bord de 4x4 que les chasseurs commettent chaque année dans le Sahara de réels massacres, au péril de la survie de l'espèce.

Des hommes ont marqué mes rencontres avec ces milieux si particuliers, mais il suffit de les parcourir pour comprendre l'admiration et le respect qu'impose la vie qui a su s'y développer. Cette biodiversité miraculeuse a fait des déserts les ambassadeurs de l'ingéniosité du vivant. Et si l'on n'y prend garde, l'ignorance et l'avidité imbécile pourraient faire de ces espaces majestueux non plus des receleurs de vie mais des espaces inertes où la vie sera anéantie par l'homme sans même qu'il y prenne garde.

Double page précédente : Quand la terre se craquelle, c'est qu'elle a soif. C'est aussi souvent l'indice qu'il y a eu de l'eau à cet endroit. Si l'on soulève l'une de ces plaques craquelées, on trouvera une terre qui peut être encore humide. Ce qui permet à cette plante de fleurir.

Ci-dessus : Perdu dans l'immensité des dunes de Sossusvlei en Namibie, cet arbre solitaire nous rappelle que ces déserts n'ont pas toujours existé. Comme dans le Sahara, il y a plus de 4000 ans, la terre verdoyante et fertile abritait des peuples éleveurs. Bois et rivières sillonnaient le désert où vivaient lions, hippopotames et crocodiles. Ce sont des changements climatiques – naturels – qui ont engendré peu à peu la désertification de ces milieux.

Page de droite : La vie dans le désert nécessite une formidable adaptation à la chaleur et la sécheresse. C'est pourquoi les espèces animales et végétales qui y vivent ne sont nombreuses ni en quantité ni en diversité.
Mais celles qui ont su s'adapter peuvent endurer des conditions climatiques drastiques, comme ce petit gecko namibien – *Palmatogecko rangei* – qui a trouvé la parade : il est nocturne.

Ci-dessus : La welwitschia est sans doute l'une des plantes les plus extraordinaires du monde végétal. Découverte seulement en 1929, cette plante du désert namibien et de celui du Kalahari – en réalité plus ou moins apparentée aux conifères – peut vivre 2 000 ans. Elle possède deux feuilles opposées qui atteignent parfois 6 mètres de long. Celles-ci croissent indéfiniment en s'enroulant sur elles-mêmes en même temps que l'extrémité se dessèche. Ses racines constituent un réseau latéral qui s'étend en longueur dans le sol pour y puiser l'eau nécessaire, déposée là par le brouillard matinal.

Ci-dessus : La plupart des caméléons vivent dans les arbres de la savane ou des forêts. Le caméléon de Namibie est bien adapté au désert et n'hésite pas à descendre sur le sol brûlant pour chercher ses proies (mouches et autres insectes). Avec de telles habitudes terrestres, il est sans doute l'une des espèces de caméléons les plus rapides. Quand il fait trop chaud, il creuse des trous ou utilise les terriers de petits rongeurs pour se protéger des ardeurs du soleil. Comme d'autres espèces désertiques, il excrète le sel par ses glandes nasales.

Double page suivante : Le moloch d'Australie est l'un des plus incroyables lézards de la terre. Cette carapace et ces piquants venus d'un autre âge (on dirait presque un dinosaure !) lui servent non seulement à se camoufler mais également à éloigner les prédateurs, qui ne peuvent ni le saisir ni l'avaler et en ont sans doute peur. C'est un grand mangeur de fourmis – 2000 à 3000 à chaque repas. Comme d'autres reptiles, il s'enfonce complètement dans le sable quand la chaleur est trop forte.

Le long des côtes mauritaniennes, le désert avance vers la mer. Contrairement à une idée reçue, ce phénomène reste très local à la surface de la planète. Poussé par les alizés, le sable se dirige vers l'océan. C'est pourquoi on trouve aujourd'hui des épaves de bateau à plusieurs centaines de mètres du rivage.

Double page précédente : Dans la dépression de Mourdi, au Tchad, cette caravane de Toubous transporte du sel et des dattes. Ces hommes sont parfaitement adaptés au désert, à sa chaleur et à son immensité. Pas de carte pour lire la route, peu de repères pour ne pas s'égarer : une connaissance ancestrale – et instinctive – du chemin à suivre et une vie en harmonie avec les conditions austères et difficiles de ce milieu. Leur adaptation a suivi celle de cet environnement devenu peu à peu désertique.

Ci-dessus : Le lézard *Aporosaura anchietae* de Namibie est hautement spécialisé. Aux heures les plus chaudes, cet animal lève alternativement ses pattes : cela lui permet de les refroidir quelques instants et de rafraîchir le sang qui y circule. Quand il se déplace sur le sable, il ne le fait que du bout des pattes, tenant ainsi son corps éloigné du sable brûlant. Comme d'autres espèces du désert du Namib, il recueille la rosée du petit matin en léchant la surface du sol. Quant à son museau pointu, en coin, il est parfait pour fouir le sable et s'y réfugier.

Ci-dessous : La plupart des vipères du genre *Bitis* fréquentent des milieux désertiques, comme cette vipère de Péringué, du désert de Namibie et d'Angola. Elle ne sort de sa cache qu'au crépuscule ou durant la nuit pour aller chasser lézards et insectes. Généralement, on ne voit d'elle que les traces de sa reptation latérale, typiques des vipéridés désertiques.

Ci-dessus : Dans le Ténéré, au Niger, la saison des pluies – quand elle se produit – est extrêmement courte. Pendant quelques jours, les troupeaux vont pâturer une herbe tendre. Les populations pastorales se déplacent au gré des pâturages. Dans ces régions désertiques, une autre stratégie consiste à creuser des puits profonds pour y chercher l'eau et à se sédentariser autour d'une oasis.

Double page suivante : L'oryx est l'un des rares grands mammifères inféodés au désert. Son adaptation est parfaite. Pour lutter contre la chaleur, il se laisse envahir par celle-ci durant le jour, la laissant s'échapper la nuit venue. Son cerveau est protégé de l'insolation par un système capillaire très efficace qui, grâce au sang, évacue les calories excédentaires par évaporation au niveau des fosses nasales.
Il se nourrit de peu, choisissant de préférence les plantes grasses, les racines, les tubercules ou les bulbes plus riches en eau. Dans le désert du Namib, la rosée déposée sur les herbes lui suffit.

Dans le parc d'Organ Pipe, en Arizona, comme dans beaucoup de régions désertiques ou semi-désertiques, la floraison est un moment aussi bref qu'éblouissant. En l'espace de quelques jours, le sol se couvre de plantes aux multiples couleurs tels ces lupins et ces pavots qui émergent entre les cactus. Cette période correspond à l'élevage des jeunes chez bon nombre d'oiseaux et de mammifères. Dans quelques semaines, le paysage aura retrouvé son austérité.

Au printemps, les déserts d'Arizona et de Californie se parent d'une multitude de couleurs. Y domine souvent l'orange, du pavot de Californie, emblème de cet État américain, que l'on voit fleurir ici dans l'Antelope Valley California Poppy Reserve. Par temps froid ou très nuageux et le soir venu, la fleur se ferme pour se rouvrir dès le retour des rayons du soleil.

Double page précédente : Près de Gao, au Mali, la dune rose vient lécher les bords du fleuve Niger. En pleine région sahélienne, le fleuve est un véritable poumon de vie pour les hommes et l'ensemble des organismes vivants qui le côtoient. Sur ses bords, on y récolte le bourgou (plante aquatique qui sert à alimenter le bétail). Plus loin, le fleuve devient delta, l'un des rares deltas intérieurs au monde. C'est un haut lieu de la biodiversité où viennent hiverner des centaines de milliers d'oiseaux d'eau, originaires d'Europe, de Sibérie, mais aussi d'Afrique tropicale.

Ci-dessus : Il n'y a pas si longtemps, existait ici une route bordée par une ligne électrique. Un paysage banal, somme toute, près de l'oasis de Kharga en Égypte. Puis, d'abord sournoisement, plus nettement ensuite, le sable a progressé. Il a recouvert la route et les buissons épineux qui parsemaient les alentours. Mais cette « inondation de sable » poursuit son travail de lent recouvrement du paysage. Demain, on ne saura même plus qu'il y avait là des poteaux télégraphiques. Dans bien des régions du monde, le désert progresse à présent...

Page de gauche : Le lac d'Oum-el-Ma en Lybie n'est pas un mirage, mais un vrai lac, au pied des grandes dunes de l'Akakous. Ces rares points d'eau sont parfois une chance incroyable pour les oiseaux migrateurs qui, deux fois par an, font le voyage entre l'Europe et l'Afrique. Certains oiseaux ne doivent leur salut qu'à ces endroits providentiels, mais beaucoup meurent en plein désert, faute de réserves énergétiques suffisantes.

Ci-dessus : Les déserts, par leur majesté, provoquent l'envie et le défi, et ce sont des courses destructrices, organisées chaque année, sans aucun respect du milieu et de la vie qui s'y cache. Comme ici ces voitures, lancées à toute vitesse sur les pistes et les dunes du Sahara.

Ci-dessus : Ces alvéoles en plein désert éveillent la curiosité du voyageur. Ici à Teguidda-n'Tessoum, dans la région d'Ingal, au Niger, on pratique la saliculture. Ces petites vasques sont régulièrement approvisionnées en eau, laquelle s'évapore en laissant une fine pellicule de sel. Celui-ci est ensuite méthodiquement récolté et façonné en pains, avant d'être vendus aux éleveurs de la région qui le donneront à leur bétail comme complément à leur alimentation.

Double page suivante : Au petit matin, dans le désert du Namib, ce ténébrion s'en va avec ses gouttes de brouillard entre les pattes. Nulle trace d'eau sur la dune. Le salut vient de la brume qui se forme chaque matin et qui fait perler quelques gouttes de rosée sur la maigre végétation. Une aubaine pour le coléoptère qui se charge ainsi les pattes de sa ration d'eau quotidienne.

Page de gauche : Durant le jour, les vipères à cornes s'enfouissent complètement dans le sol, ne laissant sortir que leurs yeux et leurs narines. L'animal étant totalement mimétique, le risque est alors de marcher dessus par mégarde. On dit que c'est pour s'en prémunir que les babouches des hommes du désert sont parfois recourbées vers le haut à leur extrémité !

Ci dessous : Il suffit parfois de micro-conditions climatiques (ensoleillement, humidité, exposition…) pour qu'un arbre ou une plante pousse là où on ne l'aurait jamais imaginé.

Double page précédente : La nature a cela d'extraordinaire qu'elle peut, à échelle variable, être sans cesse différente et rappeler dans sa structure des éléments du vivant que rien ne semble rapprocher les uns des autres. On pourrait voir ici le détail de l'écorce d'un vieil arbre. Il s'agit en fait d'un désert de grès de la région d'Ounianga, au Tchad, mélange de sable solidifié et désagrégé. Le dur et le tendre imbriqués dans une palette de couleurs sublime : quel artiste aurait imaginé un tel foisonnement de formes dans la nature ?

Ci-dessus : Le berger peul et son troupeau se rendent au point d'eau le plus proche à Teguidda-n'Tesemt, au Niger. Toute sa richesse est ici rassemblée : dromadaires, superbes bœufs bororodjis et moutons. L'important pour lui, c'est de trouver au rendez-vous l'eau du puits ou de la mare et les maigres pacages pour son bétail. Il est loin le temps du Sahara verdoyant, et l'homme a accompagné le recul du végétal, s'accommodant de l'essentiel au détriment du superflu. Il y a dans ces zones sahéliennes matière à réflexion pour l'homme occidental toujours en quête de consommation immédiate.

Double page précédente : Situé à plus de 4000 m d'altitude, l'Altiplano en Bolivie est probablement l'une des régions habitées parmi les plus élevées de la planète. Un vent continu balaie les landines de l'immense plateau dans une région qui abrite les plus anciens vestiges de l'Amérique précolombienne. L'agriculture, essentiellement tournée vers l'élevage des lamas, témoigne de la connivence et des savoirs exceptionnels entretenus par les Quechuas ou Aymaras avec les espèces et le fonctionnement de ces milieux.

Ci-dessus : Les plantes de la famille des crassulacées, dites succulentes (ou grasses), sont capables de retenir l'eau. Ceci grâce à l'épiderme épais de leur tige et à leurs feuilles charnues de surface réduite.

Page de droite : La gerboise a gratté le sable de la dune pour y faire un petit terrier dans lequel elle cherche un peu de fraîcheur aux heures chaudes et s'abrite des éventuels prédateurs. L'espèce est nocturne et se nourrit de maigres herbes. Elle ne boit pas et tire l'eau qui lui est nécessaire des végétaux qu'elle consomme. De plus, elle fait des crottes très sèches, car son intestin réabsorbe l'eau qu'elles contiennent. La vapeur d'eau rejetée en respirant permet aussi d'entretenir une certaine humidité dans le terrier.

Le Grand Désert de Sable, le désert de Gibson et le Grand Désert Victoria se succèdent du nord au sud en Australie-Occidentale et couvrent à eux trois 1,9 km². Les manifestations pluvieuses y sont exceptionnelles. Un grand nombre d'espèces animales et végétales n'y sont qu'éphémères et ne prolifèrent que pendant les très courtes périodes favorables. L'Ayers Rock, à l'arrière-plan, est un haut lieu de la culture aborigène, peuple de chasseurs et de cueilleurs nomades, premiers habitants du continent australien.

En Bolivie, le lac salé asséché d'Uyuni s'étend sur 12 000 km². Personne ne vit dans le salar, distant de plus de 10 heures de route de La Paz, la capitale. Il est situé sur l'Altiplano, cette région des hauts plateaux andins enserrés entre la Cordillère occidentale et la Cordillère royale, à une altitude moyenne de 3 700 mètres.

Ci-dessus : Est-ce l'univers du sable ? Celui du sel ? S'agit-il de champignons nucléaires figés sous l'œil du photographe ou de bonshommes de neige fabriqués par des enfants et fondant au soleil ? Rien de tout cela, car nous sommes dans le désert blanc, en Égypte. Nulle trace de vie animale ou végétale, mais un monde de calcaire, de craie, qui, au fil du temps et du vent, a sculpté dans la roche des formes improbables. Autant de statues où l'œil imagine plus qu'il ne devine. Peut-être aussi une préfiguration de ce que pourrait être notre planète un jour…

Double page suivante : Dans la région de Tombouctou, au Mali, les Touaregs vivent pour la plupart de façon nomade. Leur abri traditionnel, comme ici, est surmonté de peaux de chèvres tannées et cousues entre elles. La sédentarisation risque de mettre à mal l'attachement de ces peuples à leur vie nomade et à leurs coutumes au profit d'une existence plus ou moins citadine sans réelles perspectives.

Milieux ouverts

Quand on me parle de milieux ouverts, ces vastes étendues lumineuses qui s'offrent au regard, ce sont d'abord les savanes africaines et notamment celles de l'Afrique de l'Est qui me viennent à l'esprit. Chacun connaît ces grandes plaines et leurs cortèges d'animaux, cette végétation d'herbes hautes ponctuées d'arbustes où se détache ça et là l'imposante et altière silhouette d'un acacia. La faune y est nombreuse et variée.

L'œil du bison : quelle autre espèce incarne mieux les grands espaces ouverts d'Amérique du Nord ? Avant l'arrivée de l'homme blanc, la prairie couvrait une surface considérable de la partie centrale des États-Unis actuels, avec, sans doute, des millions de bisons. En quelques décennies, l'espèce a failli disparaître et la prairie se trouve aujourd'hui réduite à la portion congrue, au sein d'espaces naturels protégés.

Girafes, éléphants, zèbres, gnous, lions, hyènes... et autres espèces familières, même aux enfants de nos villes, illustrent superbement la diversité et l'inventivité du vivant. Tous ces grands mammifères ne sont qu'une part réduite de la biodiversité que recèle ce type de milieu. Les grands herbivores, notamment les antilopes, les éléphants, trouvent ici la végétation dont ils ont besoin, mais ils sont également les artisans d'un tel paysage. C'est par leur nombre et leur diversité qu'ils permettent à ces grandes herbes de se reproduire. Chaque espèce animale a son régime alimentaire propre, choisit des plantes ou des parties de plantes différentes, ce qui laisse peu de chances aux frêles pousses des arbustes et des arbres. Sans la présence de ces herbivores, le sol serait peu à peu envahi par une végétation d'arbustes puis d'arbres, et ces milieux ouverts se refermeraient petit à petit. Mais la pression imposée à la végétation n'est pas le seul fait des animaux le feu est également responsable de son devenir. Il est un élément indissociable de ces grandes étendues, à tel point que certaines plantes herbacées ne peuvent germer qu'après l'élévation de la température du sol suite à son passage. Les milieux ouverts, où que ce soit dans le monde, ne le restent que grâce à ces perturbations modérées que leur imposent les herbivores et parfois le feu, et qui les cantonnent ainsi à un statut de milieux « jeunes » et riches en biodiversité. Hélas, aujourd'hui, ces savanes ne sont déjà plus que des milieux rares, dans des parcs, figés à la façon des cartes postales anciennes.

Sous d'autres latitudes, les milieux ouverts prennent le nom de prairies, et les bisons d'Amérique qui les pâturaient en étaient les principaux ouvriers. Chassés sans merci, ces grands herbivores ne subsistent plus que dans des parcs, et les prairies sauvages si riches en vie ont aujourd'hui quasiment disparu des États-Unis.
L'homme transforme son environnement depuis 10 000 ans. Avec la découverte de l'agriculture et de l'élevage, il devient capable de maîtriser le milieu naturel. Les espaces naturels cèdent la place à un paysage marqué par l'homme.

Très vite, la domestication du petit et gros bétail - chèvres et moutons, ânes et aurochs, rennes - entre le VIe et le Xe millénaire avant notre ère, a permis à l'homme de parvenir à la civilisation que nous connaissons aujourd'hui. Le nomadisme pastoral s'est développé sur tous les continents, apportant une économie dans les régions au climat difficile, au sol à faible rendement, impropre à l'agriculture, tout en respectant le diversité des espèces. Cette présence humaine est une donnée essentielle de ces écosystèmes. C'est aussi le mode de vie par lequel l'homme a colonisé la planète. Cette activité a pris de l'importance lors de la domestication du cheval et du dromadaire, en facilitant les grands déplacements en Asie et en Afrique du Nord lors du Ier millénaire avant notre ère. Citons pêle-mêle : Touaregs et Peuls en Afrique de l'Ouest, Lapons, Nénets et Tsaatanes en Scandinavie, Sibérie et Mongolie, Bédouins, Kurdes, Kirghiz et Mongols au Moyen-Orient et en Asie.
Dans le même temps, zébus, dromadaires, chèvres et moutons, rennes, chevaux, chameaux de Bactriane, yacks, sont autant d'animaux issus d'espèces sauvages qui se sont particulièrement bien adaptées aux conditions écologiques locales. Les déplacements dans les steppes et toundras répondaient aux exigences des milieux, du climat, de la végétation et du gibier, comme à celles de l'éleveur. Ce n'est pas tant la mobilité, contrairement aux idées reçues, même si celle-ci permet une utilisation alternée des pâturages, qui constitue l'innovation essentielle dans le mode d'organisation de ces « sociétés globales », mais la dispersion par petits groupes ou noyaux des hommes. Elle répond à la question de la survie de l'homme dans un espace géographique aux ressources limitées, utilisées avec parcimonie et dans la durée.

En Europe, l'agriculture et l'élevage ont entraîné la disparition des grands herbivores et des prédateurs.

En Europe, l'agriculture et l'élevage ont entraîné la disparition des grands herbivores et des prédateurs. Les fermiers qui s'installent commencent à brûler les forêts pour ensemencer les clairières ou pour les transformer en prairies destinées à nourrir le bétail. Ce qui entraîne la disparition des milieux ouverts naturels, marais, tourbières, prairies. Cette lente évolution a permis à la plupart des espèces de s'adapter à ces nouvelles conditions et de se maintenir dans les espaces laissés libres. Dans les régions où l'élevage a gardé son caractère extensif, cette activité permet la persistance d'une flore et d'une faune spécifiques et variées. Jusqu'à ce que l'intensification de l'agriculture en à peine cinquante ans ne vienne changer le cours des choses.
Il y a peu de temps encore, les steppes d'Asie centrale étaient des milieux ouverts maintenus par un pâturage naturel.

Aujourd'hui au Kazakhstan, la forte déprise de l'agriculture traditionnelle a permis l'embroussaillement de régions entières, et des plantations de peupliers ont achevé la fermeture du milieu, favorisé le retour des prédateurs et participé à la disparition des espèces locales. À l'inverse, en Mongolie, c'est l'intensification du pâturage domestique qui met en danger non seulement les espèces d'herbivores sauvages comme la saïga mais aussi le devenir de la végétation face à une telle pression de pâturage.

Recluses dans ces fragiles îlots de « terre sauvage », les espèces, réduites à de très petits effectifs et privés de possibilité de déplacement ou d'échanges, sont du même coup menacées d'extinction.

Or aujourd'hui, il n'est plus question d'apprivoiser la nature afin de rester en accord avec elle mais de la contraindre avec nos illusions prométhéennes. Sans tenir compte de cette nature, on transforme drastiquement le paysage et par là même le fonctionnement de l'écosystème, compromettant le devenir de la biodiversité. Le couvert végétal uniforme des cultures n'arrête plus les eaux qui ruissellent en grande quantité et entraînent sur leur passage les sols, les éléments nutritifs autant que les substances artificielles que sont engrais et pesticides. Le cycle de l'eau est perturbé, la qualité des eaux est en danger. Dans ces grandes étendues, plantes et animaux sauvages sont perçus comme indésirables. « Mauvaises herbes », « animaux nuisibles »: le langage courant révèle la déclaration de guerre que les hommes ont faite à la diversité biologique de ces espaces.
À grand renfort d'herbicides et de pesticides, on stérilise les cultures autant que la terre dont la faune et la flore s'amenuisent. C'est un cercle vicieux infernal. Les invertébrés et les insectes disparaissent et, avec eux, la principale ressource alimentaire d'oiseaux comme la pie grièche si friande de gros coléoptères. Et un « printemps silencieux » guette aujourd'hui nombre de régions agricoles dans les pays occidentaux. Aurait-on alors oublié combien les plantes et les arbres sauvages comme ceux que nous cultivons doivent à la pollinisation et notamment celle réalisée par les insectes ? Herbes sauvages et invertébrés du sol, c'est toute la chaîne alimentaire avec son cortège d'oiseaux, de mammifères, qui est menacée à son tour. Les rares refuges de cette diversité vivante des milieux ouverts sauvages se trouvent dans les derniers bocages, dans les quelques haies qui subsistent au bord des routes et des grandes infrastructures ! Recluses dans ces fragiles îlots de « terre sauvage », les espèces, réduites à de très petits effectifs et privés de possibilité de déplacement ou d'échanges, sont du même coup menacées d'extinction.

Les excès de l'emprise agricole actuelle sur les sols ne permettent plus aux écosystèmes de fonctionner, stérilisent le milieu et réduisent à l'extrême la diversité des cultures comme celle des élevages. Pourtant, il n'y a pas si longtemps, l'agriculture s'appuyait sur une grande variété d'espèces végétales et animales : polyculture/élevage, cultures multiples, champs de taille raisonnable et nombreuses races d'herbivores domestiques. Dans les années 1960, il y avait encore en France environ 40 races de vaches. Pour des questions de rentabilité, il a été considéré que 6 suffiraient largement à la production. Les races locales et rustiques, héritées d'une agriculture intégrée à son terroir et aux écosystèmes, ont été disqualifiées en raison de leur rendement moindre, et devenues inutiles, elles ont été, pour beaucoup, éliminées. Aujourd'hui, le nombre de variétés de plantes et de races d'animaux se réduit dangereusement. Cette réduction de la diversité du vivant, associée à l'utilisation d'insecticides et d'herbicides qui favorisent l'émergence d'agents pathogènes plus agressifs, fragilise les cultures et la sécurité alimentaire des aliments.

L'agriculture européenne reste une cause importante d'érosion de la biodiversité et de dégradation des écosystèmes, altérant la qualité et la quantité de ressources renouvelables indispensables au bien-être comme à la santé des populations. Une société qui prétend avoir des préoccupations écologiques, qui possède la connaissance et les techniques lui permettant d'agir différemment ne peut s'en accommoder. Ce qui a été acceptable à une époque parce que les priorités étaient autres ne l'est plus aujourd'hui.
Dans l'écosystème agricole actuel, la biodiversité est en danger. Lorsqu'il sélectionne le vivant et choisit ce qui semble bénéfique pour lui, l'homme fait preuve d'un comportement terrifiant, source de graves et dangereuses dérives. Où s'arrête-t-il dans cette logique ? Pour moi, le respect du vivant ne peut se nourrir d'aucune démarche sélective.

Double page précédente : Le voyage des gnous n'est pas de tout repos. Pour rejoindre certains pâturages riches en herbe, les animaux doivent parfois traverser des rivières aux eaux gonflées par les pluies comme celle de Mara, dans la réserve de Masai Mara, au Kenya. De nombreux individus périssent noyés, emportés par les flots. Tandis que sur les bords, les crocodiles, attirés par cette manne incroyable, attendent leur tour pour attaquer les gnous les moins vigoureux.

Ci-dessus : Comme les autres antilopes, les impalas sont tributaires des pluies et de la pousse de la végétation. On voit souvent des gazelles en compagnie des gnous et des zèbres. Comme eux, les impalas sont fréquemment victimes des prédateurs. Chez cette espèce, on estime que plus de la moitié des jeunes finissent sous les crocs d'un grand carnivore.

Ci-dessus : Un groupe de lionnes se repose dans la réserve de Masaï Mara. À l'époque des pluies, quand passent les immenses troupeaux de ruminants, la nourriture est abondante et facilement accessible. Ce sont elles qui chassent pour les jeunes mais aussi pour les lions, les premiers à venir se restaurer quand la proie aura été prise. Les lionnes, au sein du groupe, sont unies pour la vie.

Double page suivante : Les zèbres de Burchell voyagent avec les gnous. Comme eux, ils recherchent l'herbe nouvelle et, dans le Serengeti, ils migrent d'abord vers le nord-ouest, à la fin de la saison des pluies (mai). Là, ils trouveront des zones plus humides où l'herbe n'est pas encore brûlée par le soleil. L'importance de ces déplacements est liée à l'intensité des pluies : moins il pleut, plus les animaux remontent vers le nord.

Double page précédente : Au petit matin, les girafes du parc national Amboseli au Kenya se dirigent vers un point d'eau. Pendant la saison sèche, l'eau devient rare et les animaux doivent parcourir de longues distances. On a par ailleurs introduit dans le parc la très rare girafe de Rothschild, une sous-espèce menacée d'extinction.

Ci-dessus : Les vastes prairies où croissent graminées multiples et plantes à fleurs en abondance ne sont aujourd'hui visibles en Amérique du Nord que dans des sanctuaires – comme ici dans la Prairie Seedskee National Wildlife Reserve, dans l'État du Wyoming. Ailleurs, la prairie a fait place aux différentes monocultures céréalières. Le bouleversement pour la biodiversité a été considérable, entraînant la diminution, voire la disparition, d'espèces animales liées à ce milieu (chiens de prairie, et, chez les oiseaux, tétras de prairie, sturnelles ou bruants).

Cette abeille, couverte de pollen, retourne à sa ruche. C'est dans les milieux ouverts, où abondent les fleurs, que les abeilles trouvent les conditions de vie les plus pérennes. Nectar et pollen leur permettent de se nourrir et de nourrir aussi les larves. Le nectar est récolté avec la langue, puis réservé dans le jabot, tandis que les poils qui couvrent le corps de l'abeille piègent les grains de pollen. Ceux-ci sont ensuite stockés sous forme de boulettes sur les pattes arrière.

Ci-dessus : Dans la grande prairie américaine, ces *Geum triflorum* sont, comme disent joliment les botanistes, « passées fleurs ». Ces benoites exhibent leurs fruits terminés par de longs filaments plumeux qui flottent au vent. La richesse de la flore des prairies naturelles est aujourd'hui de plus en plus réduite du fait de la diminution permanente de ce type de milieu au profit de monocultures de céréales (maïs, blé, etc.). Que restera-t-il des prairies fleuries à la fin du XXIe siècle ?

Double page suivante : Jeu de trompes chez les éléphantes du parc Amboseli au Kenya. Formée du nez et de la lèvre supérieure, la trompe sert à beaucoup de choses chez l'éléphant : saisir la nourriture (ou des objets), boire, respirer (dans l'eau l'éléphant peut l'utiliser comme tuba) flairer des odeurs. Les groupes composés de femelles et leurs jeunes sont menés par la femelle la plus âgée.

Ci-dessus : Soudain la pluie arrive, un matin de novembre, sur la plaine du Serengeti au Kenya. En l'espace de quelques jours, l'herbe va pousser et verdir le sol craquelé. C'est le moment béni pour les grands troupeaux de ruminants – zèbres, gnous, gazelles – pour entreprendre le plus grand déplacement de mammifères au monde. Confinés dans la partie nord du parc, plus de 1 million de gnous et 800 000 zèbres vont se déplacer vers le sud, au gré de la pousse de l'herbe dans ce parc dont le nom en masai signifie « plaines infinies ».

Double page suivante : Au pied de leur montagne sacrée – le volcan Ol Doinyo Lengai, en Tanzanie – des pasteurs masais font paître leurs troupeaux de bovins dans la savane. L'utilisation du milieu naturel est rationnelle, sans atteinte particulière à l'écosystème. Faune sauvage et animaux domestiques se côtoient harmonieusement.

Ci-dessus : La culture sous serre se pratique de plus en plus. Ici, dans le Vaucluse, on cultive de cette manière pour pouvoir produire des fraises et des tomates plus précocement que par le passé. Ces serres de plastique créent ainsi un microclimat favorable à une croissance plus rapide. De l'air, du vent, du soleil et des insectes, ces cultures ne voient pas grand-chose.

Double page suivante : Ici, au Brésil, l'élevage intensif des bovins a pris une autre dimension. Aujourd'hui, la destruction de la forêt amazonienne est en grande partie asservie à l'élevage. Là où croissait une forêt dont la biodiversité représente environ 90 % de celle de la planète, on préfère dorénavant s'adonner à une agriculture intensive, à la rentabilité discutable, sur un milieu qui n'est pas adapté à ce genre de pratique.

Double page précédente : L'Espagne connaît depuis quelques années une forte sécheresse alors que, dans le même temps, son agriculture, souvent très demandeuse en eau, s'est considérablement développée. Le pompage touche alors des écosystèmes aquatiques de grande valeur qui disparaissent peu à peu.

Ci-dessus : Au Zanskar, l'agriculture est loin d'être intensive. Dans des conditions climatiques rigoureuses, les paysans cultivent des pois, du blé et de l'orge. On égraine le blé en le faisant fouler par les bêtes. Au cours de l'automne, les paysans récoltent l'orge qui constitue leur principale nourriture. Une petite pièce d'eau permet une irrigation raisonnée des cultures.

Ci-dessus : En hiver, le bétail de Mongolie a bien peu à manger. Au cours des premières années du XXIe siècle, de rigoureux hivers ont décimé une grande partie du cheptel, qui est mort de faim. Paradoxalement, on constate que l'augmentation générale du bétail dans ce pays entraîne un surpâturage de la steppe qui n'est bon ni pour le tapis végétal ni pour les espèces animales sauvages (notamment les gazelles et la saïga) qui se trouvent en concurrence directe avec les animaux domestiques.

Double page suivante : L'arrosage des cultures va sans doute devenir problématique en Europe au fil des décennies à venir. Les réserves en eau posent des problèmes d'ordre public, puisque les sécheresses et les canicules – qui semblent en augmentation – les réduisent fortement. Des cultures qui réclament beaucoup d'eau comme le maïs risquent de souffrir de cette situation. Il faudra donc repenser, à terme, le type de cultures dans certains pays européens très exposés à ces conditions climatiques nouvelles.

Page de gauche : Dans les fonds de vallées des hautes Andes, ici en Bolivie, des tourbières se développent dans le lit des torrents jusqu'à 5 000 m d'altitude. Cet écosystème remarquable reste assez pauvre en diversité animale et végétale du fait des conditions de vie difficiles.

Ci-dessus : Ces superbes outardes barbues, qui paradent dans les cultures au nord de l'Estrémadure en Espagne, sont sans doute le vestige d'une biodiversité sur le déclin. Il y a quelques années encore, ces énormes volatiles vivaient en bandes dans les polycultures du nord de la péninsule Ibérique comme en Europe centrale. Aujourd'hui, les quelques milliers de survivants sont activement protégés, et l'on se bat pour leur maintenir des lambeaux de milieu originel.

Ci-dessus : Depuis la fin de la Seconde Guerre mondiale, l'Andalousie s'est tournée vers une production agricole intensive. Cependant, la vague de sécheresse très importante que connait le sud du pays depuis le début des années 2000 pourrait bien anéantir tous les efforts entrepris par les autorités espagnoles et transformer cette région en une vaste zone semi-désertique.

Double page suivante : En 1963, l'île de Surtsey, en Islande, jaillissait de l'océan. En quarante ans, l'île s'est peuplée d'une soixantaine d'espèces de plantes terrestres, d'une dizaine d'espèces d'oiseaux nicheuses de même que d'insectes et autres invertébrés. Ce genre de milieu est une aubaine pour les scientifiques qui étudient l'histoire d'un peuplement sur un milieu totalement « neuf ».

Ci-dessus : Le yak est l'animal des Tibétains. Animal de bât et de trait, il donne également son lait, sa viande et sa laine. Une fois mort, sa peau est utilisée comme tapis, ses cornes servent à conserver les épices et le sel, sa queue devient chasse-mouches domestique. Les populations de yaks sauvages sont en revanche devenues extrêmement rares et on ne le trouve plus qu'en Inde et en Chine.

Double page suivante : Aux latitudes les plus élevées, les espaces ouverts sont peu exploités du fait des conditions climatiques difficiles et de la faible densité de population. Ici, en Islande, dans la région de Jokuldalir, les herbages sont livrés aux rares moutons qui y vivent.

Pôles

Nous naissons avec la vue mais nous restons longtemps aveugles, comme si des écrans venaient occulter la véracité et la réalité des choses.
Puis il arrive que des événements fassent tomber un à un ces masques jusqu'à ce qu'enfin un jour, apparaisse une certaine forme de vérité, ou tout au moins sa propre vérité.

Depuis deux ou trois décennies, la banquise fond prématurément au printemps, du fait de l'augmentation des températures à l'échelle mondiale. Combien de temps encore avant qu'elle ne finisse par disparaître complètement ?

Mes premiers contacts avec l'Arctique ont joué un rôle majeur dans ma perception de la nature. C'est là que j'ai compris la place de l'homme dans cette nature et le rôle qu'il y joue. Ce fut comme un émerveillement, une vague purificatrice qui a balayé d'un seul coup tous les miasmes de cette société technologique et urbaine.

J'ai vécu certaines de mes expéditions dans l'Arctique (je connais moins bien l'Antarctique) comme un véritable voyage initiatique. Une manière de s'éprouver. Ces régions polaires, en effet, loin de flatter l'ego, réveillent quelques réalités quant à la place de l'homme dans la nature. Dormir dans le froid glacial du pôle Nord géographique remet l'homme à sa juste dimension.

Dans cet environnement dépourvu de superflus, la lumière arctique confère au lieu une féerie incomparable. En plein été, à toute heure de la nuit, cette lumière finissante, entre deux jours, est une sensation magique. L'alternance jour-nuit n'a plus de sens. Le temps n'est plus fractionné comme dans notre société occidentale. On perd ses repères. Et puis il y a cette palette de couleurs faite de blancs, de bleus, de gris, dans une harmonie qui ne nous est pas familière. Il faut alors initialiser à nouveau nos sens.

En plein été, à toute heure de la nuit, cette lumière finissante, entre deux jours, est une sensation magique.

La vie est là, insoupçonnée mais omniprésente. Comme dans le désert, on imagine difficilement qu'il puisse y avoir de la place pour le vivant mais, en y regardant de plus près, la vie fourmille, notamment sous la banquise. Dans le silence de cette nuit qui n'en est pas une, la silhouette furtive d'un renard polaire, le souffle d'une troupe de bélougas ou l'appel lointain d'une bande d'oies sauvages donnent à penser que l'essentiel est là. Les régions arctiques sont des lieux qui parlent à l'âme.

Au-delà de cette perception, existe une réalité écologique. On ne le dira jamais assez : la banquise estivale de l'Arctique se réduit comme peau de chagrin, et à l'échelle de cinquante ans environ, elle risque de disparaître. Or cette banquise, rappelons-le, joue un rôle fondamental dans les grands équilibres du monde, ceci pour de multiples raisons. Sa surface blanche tout d'abord, qui renvoie une quantité d'énergie importante vers l'atmosphère, jouant ainsi un rôle de régulateur de la température. Mais lorsque cette surface blanche disparaît, la surface sombre de l'océan qui est en dessous possède un pouvoir d'absorption calorifique évidemment très important. Quant à la calotte glaciaire, sa fonte progressive met à jour un sol nu, sombre, qui, lui aussi, absorbe davantage l'énergie solaire. Cette fonte des glaces provoque une intrusion énorme d'eau douce dans l'eau salée des océans. De densité plus lourde, l'eau salée a tendance à « plonger » vers le fond de l'océan et à entraîner des perturbations au niveau de la circulation des grands courants océaniques. Ces courants océaniques, qui – on le sait sans doute moins – sont, avec les courants atmosphériques, les gardiens des équilibres climatiques planétaires. Ce scénario est une réalité. L'augmentation des gaz à effet de serre dans l'atmosphère contribue à l'élévation de la température à la surface de la terre et dans les océans. Or les prédictions en la matière sont à présent assez claires : c'est dans l'Arctique que vont se produire les plus importantes hausses de températures – une augmentation comprise entre 3 et 6 °C étant très plausible d'ici à 2100. Puis, ce réchauffement installé, c'est la taïga (forêt boréale) qui s'étendra vers le nord grâce à cette élévation de température, mais au détriment de la toundra (grandes surfaces de végétation rase), gigantesque réservoir de biodiversité. On assistera également à l'élévation générale du niveau des mers et au ralentissement de ce « tapis roulant » des courants océaniques avec des effets encore imprévisibles sur les températures hivernales d'Europe de l'Ouest.

C'est toute la nature qui pâtit de ces changements. L'ours polaire est un exemple symptomatique des dérèglements actuels des contrées arctiques. La réduction de la banquise, sa fonte plus précoce au printemps (quinze jours à trois semaines selon les régions) ont réduit la période de chasse aux phoques de l'ours blanc. Or c'est à cette époque que les ours ont besoin de faire leurs réserves de graisse, car l'été venant, les grosses proies comme les phoques ne sont plus accessibles. Mais la débâcle plus précoce entraînant une dispersion prématurée des phoques dans l'océan, les ours capturent moins de proies. Avec pour conséquences une perte de poids chez les ours depuis quelques décennies et moins de lait chez les femelles qui, amaigries, ont leurs jeunes à cette époque. Au final, la mortalité des oursons s'est accrue. Pour ne rien arranger, on a également constaté chez les femelles des dérèglements hormonaux dus à la pollution par les métaux lourds. Cela montre assez notre fantastique capacité à agir partout sur la planète. À ce rythme, l'ours blanc à l'état sauvage pourrait bien avoir disparu d'ici la fin du XXIe siècle !

Au cœur du monde arctique vivent aussi des hommes qui appartiennent à ces peuples que l'on dit « premiers ». Des gens pour qui la vie était nomade et qu'on a voulu, pacifiquement ou non, sédentariser. Tels les peuples sibériens, devenus sédentaires parce que, selon Khrouchtchev, le nomadisme était incompatible avec le socialisme. Mais certains peuples ont tout de même réussi à subsister. C'est le cas notamment des Nenets qui, aujourd'hui encore, continuent à transhumer avec leurs rennes dans l'extrême nord-est de la Sibérie. C'est avec des biens de consommation occidentaux que l'on a, de l'autre côté de l'Arctique, sédentarisé les Inuits.

Tous ces peuples ont un rapport à la nature qui mérite réflexion. D'une part, ils n'y prélèvent que ce dont ils ont besoin. D'autre part, la nature est considérée comme un bien commun et non un lieu où l'on peut puiser indéfiniment sans se soucier du lendemain ou des autres. Ils sont redevables à cette nature qui les fait vivre. Rien ne leur est dû et c'est en quoi la nature garde pour eux son côté sacré. Nous sommes, quant à nous, dans une situation de profanation délétère. Je crois, indépendamment des convictions religieuses des uns et des autres, que la nature et le vivant sont des domaines sacrés. Si, pour ces peuples, cela s'exprime par une forme de chamanisme, je préfère encore cet excès-là au nôtre.

Et puis il y a la magie du pôle, ce lieu universel, improbable, où l'on ne reste, en fait, que quelques secondes puisque la Terre tourne.

S'il est un endroit sur Terre où l'on a un peu l'impression de toiser la planète, c'est bien aux pôles. Même si ce n'est qu'une sensation personnelle que rien ne matérialise, on se sent là-bas au sommet de la Terre. Et puis il y a la magie du pôle, ce lieu universel, improbable, où l'on ne reste, en fait, que quelques secondes puisque la Terre tourne. Je me souviens qu'au pôle Nord, le GPS ne marquait « 90°00'00"N », que l'espace d'un instant, car, ici, plus qu'ailleurs, nous sommes au centre même de la rotation terrestre. L'instant d'après on a déjà bougé. Mais pendant ces quelques secondes, quel que soit le chemin que l'on prenne, on se dirige vers le sud. C'est en cela que le lieu est magique.

L'Arctique est aussi un lieu symbolique, et ce n'est pas un hasard qu'il soit à la croisée des méridiens. C'est aussi la croisée des chemins de l'humanité, comme si elle y avait mis toutes ses racines. Là, tout se joue. Et si nous sommes incapables de protéger l'Arctique, d'éloigner nos activités, nous sommes aussi incapables de protéger le reste. Le pôle Nord comme le pôle Sud, c'est bien là que convergent toutes nos inconséquences. Bien qu'ils soient éloignés des grandes concentrations urbaines et humaines, et de nos activités industrielles, ils sont à présent victimes de toutes les agressions dont nous nous rendons coupables.

Comme Barry Lopez, interrogeons-nous sur les considérations qui nous ont conduits où nous en sommes : « Quelle est l'influence du paysage arctique sur l'imagination humaine, comment le désir d'utiliser ce paysage modèle-t-il la façon dont nous l'évaluons, et enfin, qu'advient-il de notre sens de la richesse quand nous sommes confrontés à un paysage inconnu ? Que signifie devenir riche ? Est-ce conserver notre capacité de respect et d'émerveillement, continuer à rechercher ce qui est authentique ? Est-ce vivre moralement en paix avec l'univers ? »
Il est évidemment impossible de répondre à cette question. Est-il seulement possible « d'imaginer d'un œil neuf le moyen d'atteindre une sécurité de l'âme et du cœur, et de s'intégrer au courant du temps que nous appelons l'Histoire, la nôtre et celle du monde, ce rêve commun aux gens ordinaires et aux grands hommes » ?

Ci-dessus : Le « vêlage » du glacier Hubbard en Alaska est un spectacle incroyable. Des blocs de glace de plusieurs dizaines de tonnes tombent régulièrement dans la mer dans un fracas épouvantable. L'ennui c'est que cela se produit à un rythme de plus en plus rapide. Le réchauffement climatique provoque une fonte des glaciers très importante, aux pôles comme dans les régions montagneuses. En Alaska, 80 % des glaciers ont perdu de leur volume. Tous les glaciers ne sont cependant pas de bons indicateurs de ces changements climatiques, et il existe bien entendu un retrait « naturel » et cyclique des glaciers.

Double page suivante : En bordure de la mer de Weddell, en Antarctique, voici l'une des plus grandes « rookeries » (colonies) de manchots empereurs. Des jeunes déjà grands se sont regroupés en crèche, attendant que leurs parents viennent les nourrir. C'est à des cris particuliers, et uniques pour chaque oiseau, que cet adulte va pouvoir retrouver son jeune. Il ne nourrira que celui-ci, même si d'autres, affamés, se ruent sur lui pour chercher leur pitance.

Double page précédente : Peu de vertébrés « terrestres » sont aussi bien profilés que les manchots pour se mouvoir dans l'élément marin. Les oiseaux ont transformé leurs ailes en nageoires. Leurs plumes sont très courtes, rigides et enduites d'une sécrétion cireuse qui les rend imperméables. Se nourrissant d'invertébrés marins (crevettes, appelées « krill ») et de calmars, mais aussi de petits poissons, les manchots sont capables de faire de grandes plongées, parfois jusqu'à 500 mètres de profondeur – plongées qui peuvent atteindre, voire dépasser, le quart d'heure !

Ci-dessus : Au cours du XIXe siècle et d'une bonne partie du XXe, le cachalot a été beaucoup chassé par l'homme. Comme de nombreuses autres espèces de baleines, ses effectifs ont fortement chuté et seule une protection efficace a pu éviter qu'il ne finisse au cimetière des espèces disparues… Le cachalot est un odontocète, c'est-à-dire qu'il possède des dents. Il se nourrit principalement de mollusques mais aussi de poissons. On le rencontre dans toutes les mers arctiques et antarctiques.

Le « krill »! Voilà un nom bien étrange pour un animal qui l'est tout autant. En fait, il s'agit d'animaux minuscules chez lesquels dominent de petites crevettes du genre *Euphausia*. Ces animaux grégaires et riches en protéines constituent le zooplancton. Les baleines à fanons (mysticètes) mais aussi les manchots et d'autres oiseaux marins se nourrissent du krill qui forme des bancs énormes. Cependant, l'augmentation de la température des océans, y compris au voisinage des pôles, pourrait avoir un impact négatif sur la vie du krill et donc sur toutes les espèces qui s'en nourrissent.

Page de droite : Les rennes (ou caribous en Amérique du Nord) sont des consommateurs de lichen. En hiver, ils grattent la neige pour pouvoir accéder à leur source de nourriture. Avec l'augmentation des températures, la neige se transforme en pluie et gèle alors à terre, formant une couche épaisse qui rend l'accès à la nourriture très difficile pour les rennes. Ceux-ci risquent alors de mourir de faim.

Ci-dessus : Chaque type de lichen est en réalité constitué de deux espèces, un champignon et une algue, qui sont totalement dépendants l'un de l'autre. Ils vivent ainsi en symbiose. Le lichen s'adapte parfaitement aux conditions drastiques des pôles mais il est sensible aux pollutions.

Ci-dessus : Ces masses brunes qui émergent tout emplumées de l'immensité de la toundra sont de jeunes harfangs des neiges, nés il y a dix jours dans l'Arctic National Wildlife Refuge, en Alaska. Leurs parents sont de grosses chouettes blanches qui se nourrissent principalement de lemmings. Ceux-ci ont des cycles d'abondance plus ou moins réguliers qui jouent, par répercussion, sur la densité des prédateurs que sont les harfangs, mais aussi le renard polaire ou certains oiseaux de proie. Qu'il y ait trop peu de lemmings et ces jeunes chouettes seront vouées à la mort.

Double page suivante : Dire que le monde de la toundra est austère relève de l'euphémisme. Les conditions climatiques y sont souvent terribles. Il n'y a guère que deux mois et demi pendant lesquels la nature reprend ses droits. C'est alors une explosion de vie animale et végétale. Dès la fin du mois de juillet, le froid revient à la charge. Neige et brouillard peuvent recouvrir la toundra à partir du mois d'août. Les fleurs sont déjà fanées et les oiseaux repartis vers des contrées plus clémentes.

Ci-dessus : Au cours du mois de mai, les vasières du delta de la rivière Copper en Alaska voient passer sans doute des millions de petits échassiers, en route vers la toundra du Grand Nord. C'est une étape décisive pour ces bécasseaux d'Alaska, qui comme d'autres espèces, reviennent d'Amérique du Sud. Ils ont besoin de reconstituer leurs réserves de graisse pour achever leur long périple et, surtout, pour être en mesure d'assurer leur reproduction dans un environnement hostile, où gel et neige les attendent. C'est dire l'importance de cette étape. L'augmentation du niveau des mers, telle qu'elle est prévue d'ici à 2100, aura un impact désastreux sur ces grandes vasières qui risquent alors de se trouver durablement submergées par les eaux.

Double page suivante : Comme d'autres mammifères, le renard polaire est parfaitement adapté aux conditions environnementales de la toundra. Fourrure épaisse et courtes oreilles laissent peu de prise au froid et au vent. Le renard polaire a deux pelages : celui d'été, de couleur grise, et l'autre, d'hiver, immaculé. Ce dernier lui permet de passer inaperçu dans l'univers nival qui domine à cette époque et notamment auprès de ses proies.

Ci-dessus et double page suivante : L'image de l'ours polaire paressant sur la banquise ne sera-t-elle bientôt plus qu'un souvenir ? C'est ce que craignent à présent les biologistes qui travaillent sur l'espèce. En l'espace de trente ans, la banquise a fondu comme neige au soleil. Et particulièrement au printemps, où la débâcle se produit une quinzaine de jours plus tôt. Il s'ensuit que les phoques – proies principales et vitales des ours à cette époque – regagnent plus précocement l'eau libre que par le passé, rendant plus difficile leur capture par les ours. Ces derniers font aussi moins de réserves de graisse. Or les femelles ont leurs jeunes

à cette époque et les allaitent. Moins grosses (elles ont perdu 15 % de leur poids corporel moyen en vingt-cinq ans), ayant moins de lait, elles nourrissent moins bien leurs jeunes. La mortalité de ces derniers a nettement augmenté. À terme, l'espèce pourrait bien disparaître avant la fin de ce siècle.

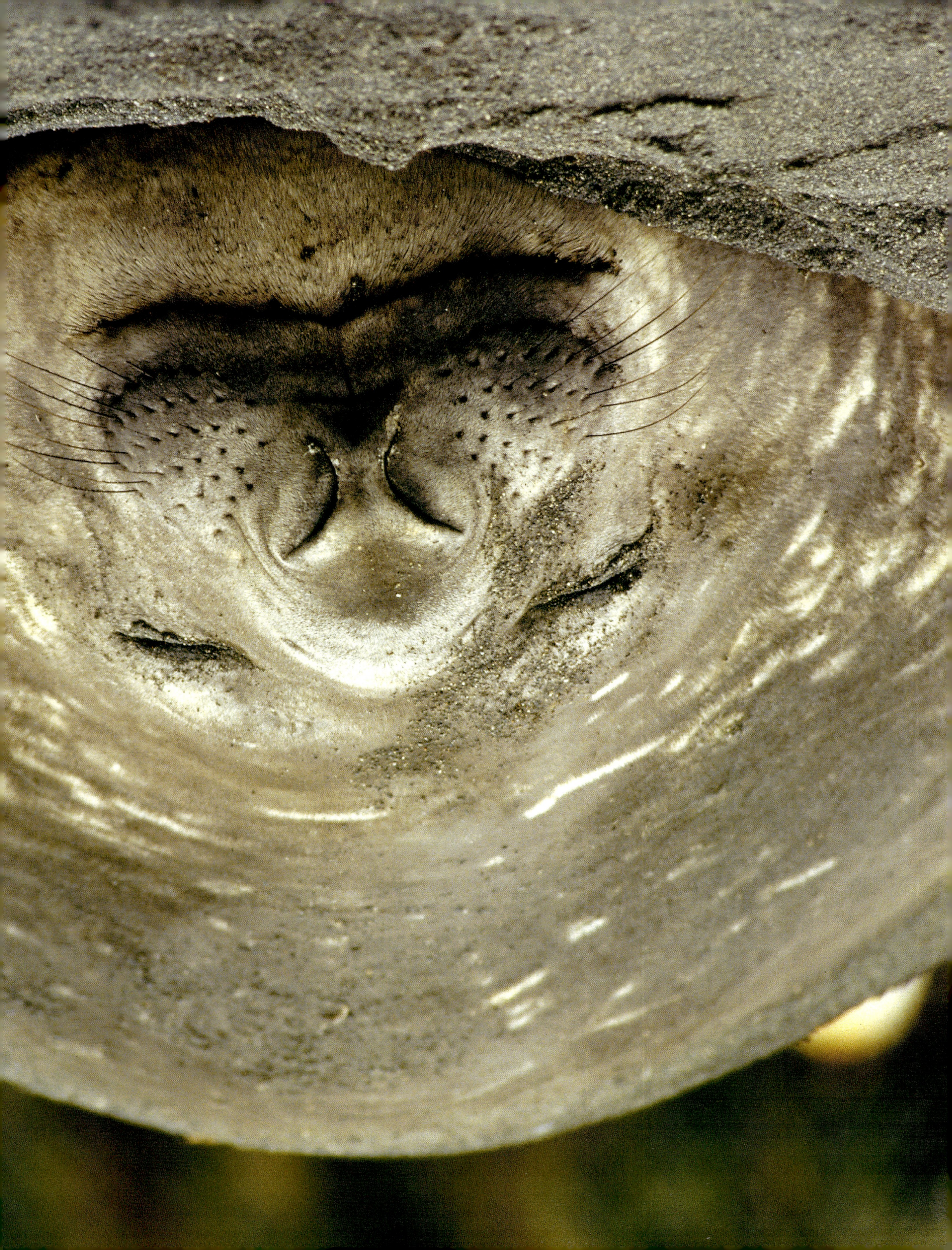

Page de gauche : Éléphant de mer dormant sur une plage de Géorgie du Sud. Quel avenir pour ces espèces dont la vie dépend totalement des ressources du milieu marin et de l'équilibre climatique qui règne à ces latitudes subantarctiques ?

Ci-dessus : Le *whalewatching* qui, indirectement, permet de protéger les baleines, consiste à emmener les touristes dans un petit bateau au plus près d'elles pour les observer, comme ici dans la lagune de San Ignacio, en Basse-Californie (Mexique), où vivent des baleines grises. Cependant, certaines règles doivent être respectées : ne pas trop approcher les animaux ni les harceler en les poursuivant en Zodiac.

On ne connaît pas encore très bien l'impact des changements climatiques sur les caribous d'Amérique du Nord, qui entreprennent chaque année de grandes migrations. En effet, avec la hausse des températures, l'herbe de la toundra pousse plus tôt dans la saison et persiste plus longtemps. Ce qui assure aux femelles une meilleure lactation et, au final, une meilleure survie des jeunes. Cependant, on observe que les effectifs de la plus grande population de caribous vivant dans cette partie du monde – la harde de Porcupine (100 000 individus) – n'augmentent pas, ayant même tendance à diminuer. On ignore encore pourquoi…

Page de droite : En l'espace de quelques jours, la toundra se couvre de fleurs. Le pavot arctique ou la silène acaule sont quelques-unes de ces plantes dont la durée de vie est particulièrement courte. Leur adaptation aux conditions arctiques est remarquable. Comme il pleut à peine en été, ces plantes réduisent les pertes en eau en diminuant la taille de leurs feuilles. Elles développent également une couche de cils sur leur tige grâce auxquels elles emmagasinent la chaleur. La durée du jour de près de 24 heures à cette époque de l'année, mais aussi la brièveté de celle-ci, permettent par ailleurs une croissance courte mais rapide.

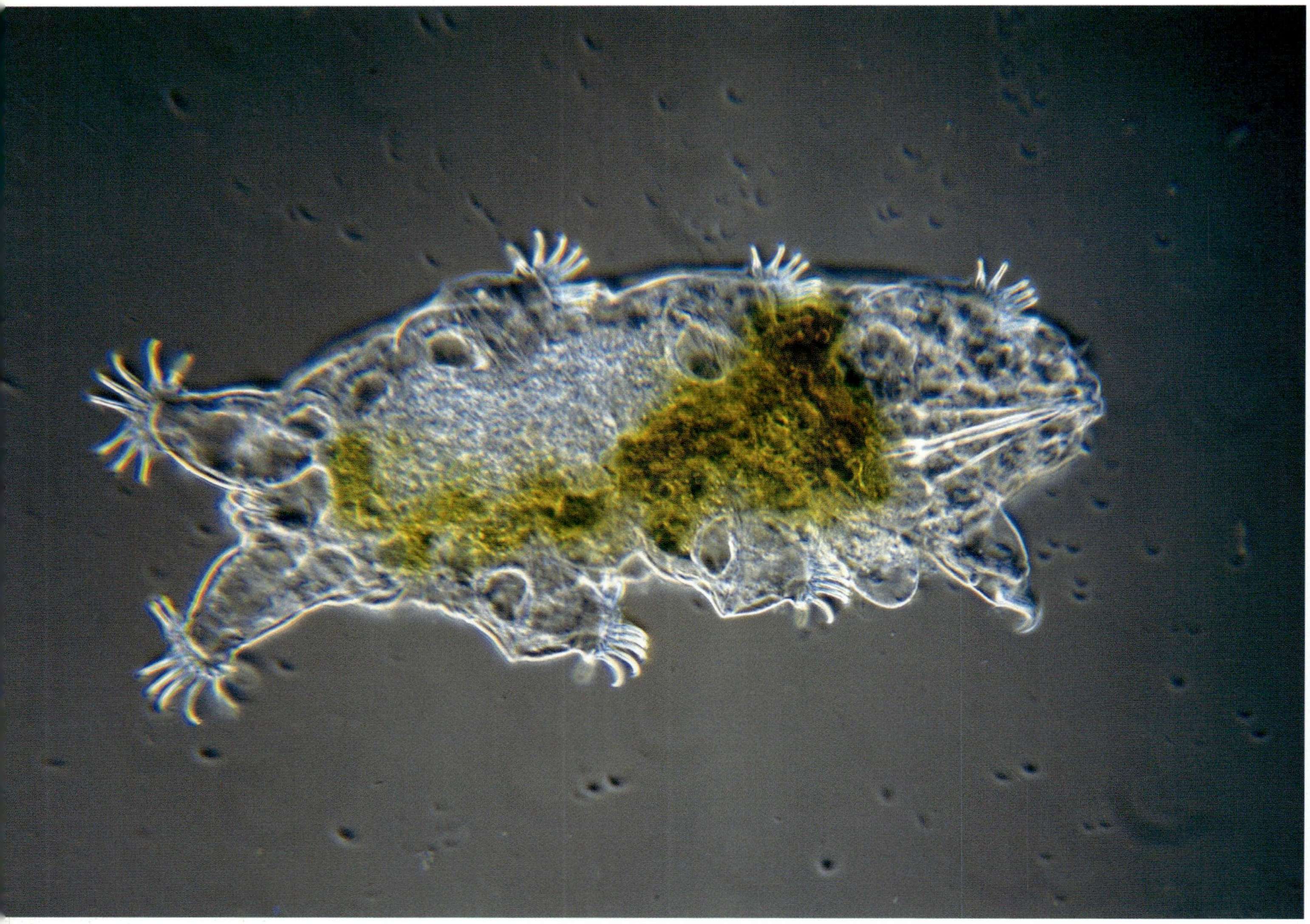

Ci-dessus : Connaissez-vous *Echiniscoides sigismundi* ? Et les tardigrades, cette espèce qui ne dépasse pas 1 millimètre de long ? Ces incroyables créatures défient toutes les lois de la vie. On les trouve en mer comme dans les eaux douces, des plus chaudes aux plus froides. Face aux vicissitudes de leur environnement, elles peuvent se dessécher et endurer des températures allant jusqu'à – 272 °C. Supportant également des chaleurs extrêmes comme la radioactivité, les tardigrades peuvent être pris par les vents et, ainsi calfeutrés, parcourir des distances considérables pour reprendre, un jour, leur aspect normal, dès que les conditions extérieures le permettent, c'est-à-dire parfois... un siècle plus tard !

Le grand albatros, ou albatros hurleur, est le plus grand oiseau marin. Ses immenses ailes effilées atteignant 3,50 m d'envergure sont parfaitement adaptées au « vol plané dynamique » au-dessus de l'océan Austral, son milieu de vie habituel. Ne revenant à terre que pour se reproduire sur les îles subantarctiques, une fois tous les deux ans, il parcourt des distances considérables – jusqu'à 150 000 à 300 000 km par an – pour s'alimenter et nourrir son jeune. L'espèce est malheureusement victime chaque année des lignes de pêche dérivantes qui menacent poissons et oiseaux de ces régions.

Page de gauche : Comme la plupart des manchots, ces gorfous sauteurs, devant une chute d'eau sur Campbell Island, en Nouvelle-Zélande, sont menacés à la fois par la fonte des glaces, le réchauffement des eaux océaniques, la diminution de leurs proies et la surpêche dont ils peuvent être des victimes indirectes.

Ci-dessus : Peu après la Seconde Guerre mondiale, certaines îles subantarctiques, comme ici en Géorgie du Sud, sont devenues des bases stratégiques aussi bien à fins militaires que commerciales ou pour les explorations du pôle Sud. Des habitations ont été édifiées, mais bientôt, pour des raisons diverses, beaucoup de bases ont été abandonnées. En quelques années, alors que rouillent les vestiges de cette présence humaine, les îles ont été de nouveau la propriété exclusive des oiseaux de mer comme ces manchots papous qui nichent en quantité.

Un brise-glace se profile, fourmi minuscule dans l'immensité du pack antarctique en formation. La banquise agit comme un isolant entre l'océan et l'atmosphère. La banquise en formation rejette des eaux très salées et denses qui vont plonger jusqu'au fond de l'océan. En modifiant la salinité et donc la densité des eaux, la banquise est un élément fondamental de la circulation océanique, de la vie marine et du climat de la Terre.

Milieux humides

L'Okavango fut une grande révélation. Cette terre d'Afrique australe nous rappelle tout autant notre nature que le rôle fondamental que cette nature joue pour la vie, pour la Terre et donc aussi pour l'homme. Quel émerveillement ! C'est une véritable vague purificatrice qui réveille d'un coup tout humain issu de la société technologique et urbaine. Certains lieux sont initiatiques, et l'Okavango en fait partie. Là, je me suis rendu compte de l'essentiel : il y a dans la nature tous les éléments pour se construire des moments de bien-être et de complétude.

Drame en perspective dans la mare : la grenouille verte a aperçu la libellule qui se repose sur la tige d'une plante aquatique. Dans quelques instants, l'insecte finira dans la bouche du batracien. Les milieux humides sont des endroits de diversité extraordinaire pour la faune et la flore. Ainsi, beaucoup d'espèces animales viennent ici pour se reproduire, même si elles n'y restent pas toute l'année. En termes de production animale et végétale (biomasse), les milieux humides sont parmi les plus riches de la planète.

C'est un des rares deltas intérieurs de notre planète, un paradoxe de la nature. Le fleuve Okavango prend sa source en Angola, près de l'Atlantique, et la géologie le mène non pas vers l'Océan mais vers le sud-est, à la rencontre des sables du Kalahari dans lesquels il se perd en mille bras. De l'union de l'eau et de ces terres chaudes naît un jardin luxuriant sur un immense territoire où convergent tous les animaux de la région. C'est notamment un des sanctuaires d'oiseaux les plus prodigues au monde.
Quand je l'ai découvert, l'Okavango incarnait l'Éden. Un paradis grouillant de vie, un chatoiement de couleurs extraordinaires. L'eau passe du bleu cobalt au bleu marine et au bleu turquoise, avec des sables et des falaises de sable couleur tabac, aux ocres fantastiques. La végétation, variée et généreuse, foisonne d'arbres étonnants, de nénuphars aux fleurs superbes qui embaument l'atmosphère : l'eau, la terre, la vie.
L'eau est pour beaucoup dans la beauté du lieu. Tant de miroirs, de teintes et cette fraîcheur qui font que glisser sur l'eau devient sensuel : s'appuyer sur une perche, avancer sur les nénuphars qui s'écartent, et toujours ce petit clapotis qui rappelle que la vie est bien présente sous la surface de l'eau. On en oublierait presque la prudence essentielle alors que ces bras d'eau parfois peu profonds abritent nombre d'hippopotames. Autour de soi de petits échassiers gambadent, les aigles pêcheurs guettent leurs proies. Buffles et éléphants ne sont pas loin. Pas un moment où l' œil n'est flatté dans ce milieu si riche de vies et d'émotions.
Lorsque les pluies tombent en Angola, la crue du fleuve se propage au fil des jours vers le delta. L'eau avance pratiquement au rythme du pas humain et toute la gent animale la suit, insectes, oiseaux et mammifères. Un spectacle incroyable.

J'ai connu ce paradis bien avant que l'on ne vienne, là aussi, contrarier cet endroit que je pensais intouchable. Les Morocos, l'ethnie locale, y vivaient de pêche et de chasse sans mettre en péril ce milieu si riche, et terre de leur culture. Mais la population du pays augmente. Et la région est constamment réaménagée pour répondre à de nouveaux besoins : élevage intensif, assèchement, ouvrages hydrauliques... C'est de l'extérieur que sont venus les dangers. Depuis, j'ai pris conscience que, où que l'on soit, même avec une densité humaine faible et raisonnable comme dans l'Okavango, il n'est aucun endroit qui échappe aux convoitises des hommes d'une manière ou d'une autre.

Ce paradis, où la présence humaine ne semblait pas menaçante, est maintenant endommagé et mis en danger par les activités économiques nationales et internationales. Aujourd'hui, l'Okavango, fleuron des zones humides continentales, se trouve progressivement et irrémédiablement asséché. En amont, les eaux du fleuve sont pompées au profit de l'industrie diamantifère. Pour préserver le bétail de la faune sauvage, une barrière coupe le site d'est en ouest, entraînant du surpâturage, empêchant les migrations naturelles et provoquant la mort d'une faune qui doit par ailleurs supporter les conséquences de la chasse sportive, plus lucrative que le tourisme classique.
Pour combien de temps encore l'Okavango sera-t-il un haut lieu de la biodiversité mondiale ? Aujourd'hui, j'essaye avec l'association Preserve de le faire inscrire au Patrimoine mondial de l'humanité. C'est une vraie course contre la montre.

Les marais, les marécages sont les écosystèmes les plus riches et les plus productifs. Ils couvrent plus de 5 millions de km^2. Les invertébrés, qui sont la base alimentaire de nombreuses espèces d'oiseaux et de poissons, abondent dans les zones saumâtres. Les marais sont en réalité des terrains mal drainés. Là où le sol est pauvre, des tourbières se forment sur des végétaux vivants. Dans l'hémisphère nord, aux latitudes les plus élevées ou en montagne, les températures basses ralentissent le rythme de décomposition de la matière vivante, mousses et sphaignes envahissent la végétation. Dans les régions où le sol est plus riche, à l'intérieur des terres ou à l'embouchure des grands fleuves, l'herbe pousse et forme des marécages. Le long des côtes, ce sont les deltas des fleuves et cours d'eau qui forment des zones saumâtres soumises aux marées ou soustraites à leur influence comme les lagunes.

Aujourd'hui, l'Okavango, fleuron des zones humides continentales, se trouve progressivement et irrémédiablement asséché.

En Europe, il est d'autres zones où l'eau et la terre se marient, et cette union fait naître une vie foisonnante : le Danube, la Volga et plus près de nous, la Camargue. Ces grands espaces nous rappellent combien les milieux humides regorgent de vie. Au milieu de terres, la vie est dans l'eau, autour de l'eau. Et partout autour de nous, lacs, étangs, mares, rivières et fleuves sont des berceaux

de la vie. L'eau, l'herbe et la crue ont longtemps entretenu des relations harmonieuses permettant aux sociétés d'y développer transports fluviaux et pêcheries, de même qu'une agriculture largement basée sur l'élevage extensif. La biodiversité y est riche.
Eaux calmes ou tumultueuses, la végétation aquatique (algues, nénuphars...), comme celle des berges révèlent la diversité formidable de ces milieux. Eaux stagnantes ou eaux vives, toutes abritent nombre de poissons et d'invertébrés spécifiques à chaque milieu. Flamants roses, pélicans, canards et autres oiseaux d'eau, migrateurs ou non, trouvent aux abords de ces points d'eau des endroits propices à leur reproduction et à leur migration. Ces eaux douces terrestres sont les lieux de ponte de poissons, y compris des poissons marins comme les saumons qui remontent les courants pour venir y frayer. À l'inverse, les anguilles quittent les rivières pour descendre jusqu'à l'océan et partir se reproduire dans la mer des Sargasses d'où les larves reviendront pour se développer en eaux douces.

L'agriculture demeure la cause essentielle de la perte de ces espaces, drainés pour augmenter la surface des terres arables.

Ces hauts lieux de biodiversité tellement indispensables à la régulation et à la qualité des ressources en eau rendent à la planète et donc à l'homme des services écologiques vitaux dont il se prive en les détruisant. En Europe et aux États-Unis, environ la moitié des zones humides ont été asséchées pour permettre le développement des villes et de l'agriculture. Car l'agriculture demeure la cause essentielle de la perte de ces espaces, drainés pour augmenter la surface des terres arables. Les barrages construits sur les rivières pour l'énergie hydro-électrique modifient les milieux aquatiques en aval, bloquant les déplacements des poissons migrateurs vers leurs zones de reproduction. Toutes les zones humides continentales et notamment les marais sont menacés d'assèchement. Les marais furent longtemps perçus comme des zones difficiles d'accès, mystérieuses, dangereuses pour l'homme, incompatibles avec les activités humaines et, surtout, recelant quantités d'insectes pourvoyeurs de maladies. L'insalubrité justifia longtemps les travaux d'assèchement de ces milieux considérés comme malsains.

Les cours d'eau furent consciencieusement domestiqués. Ici, la construction de digues pour éviter les crues, là pour permettre la navigation ou la récupération des eaux. Cette domestication ou éradication de l'eau terrestre relevait tout autant de l'illusion de maîtriser le vivant que de l'ignorance de la richesse que constituent ces milieux pour l'homme. Pourtant, nombreux sont les accidents qui nous rappellent que l'eau reprend ses droits et son cours lors d'intenses précipitations. Les tourbières et autres marais jouent un rôle primordial dans la régulation des eaux continentales. Véritables éponges lors des crues, elles participent également à l'épuration des eaux de surface et contribuent donc directement à la qualité de l'eau.

Berceau de la biodiversité, ce sont des zones fondamentales pour l'équilibre écologique. L'assèchement de ces milieux, la surexploitation des terres « gagnées » sur l'eau, la surpêche dans les milieux aquatiques dégradés ont réduit de façon drastique toutes les formes de vie qui y étaient attachées et qui font partie intégrante des écosystèmes. Ainsi l'esturgeon, dont les œufs – le caviar –, sont si appréciés, était un habitué des grands estuaires. Victime de la pêche, du braconnage et de l'aménagement des cours d'eau, il ne reste aujourd'hui qu'un très petit nombre d'individus de la population française, dans la Garonne et la Dordogne. N'atteignant l'âge de se reproduire qu'à 12 ans, la reconstitution de sa population comme sa survie sont si périlleuses que l'espèce est considérée officiellement en danger d'extinction.

La destruction comme l'utilisation irraisonnée des milieux humides concernent aujourd'hui encore les sociétés des pays développés et plus encore les pays du Sud. Cette destruction est symptomatique d'un état d'esprit à courte vue, privilégiant l'utilisation non durable de ressources renouvelables en fonction d'intérêts immédiats. Et pourtant... les zones humides participent au bon état des écosystèmes et des ressources en eau. L'homme oublie facilement les services invisibles que lui rend aussi la nature, ou ne les réalise que lorsqu'il en est privé. Alors, parfois, on essaye de les réinventer, de reconstituer des bassins de rétention et de lagunage pour l'épuration des eaux, des étangs « de substitution » destinés au stockage des eaux hivernales pour l'irrigation printanière... Mais si l'on peut tenter de restaurer tant bien que mal ce que l'on a détruit, ne serait-il pas temps d'apprendre aussi et d'abord à préserver ce qui existe ? Et à rendre durables l'utilisation et les bénéfices de ces écosystèmes pour les citoyens, les collectivités, l'humanité d'aujourd'hui et de demain ?

Double page précédente : Quasiment invisible dans son marigot australien, le corps recouvert de lentilles d'eau, ce crocodile indo-pacifique est à l'affût d'une proie. Une telle stratégie de chasse est pratiquement sans appel pour la malheureuse victime venue se désaltérer à quelques mètres du prédateur et qui, dans la plupart des cas, ne l'aura même pas aperçu.

Ci-dessus : Le sitatunga ou guib d'eau est l'une des rares antilopes africaines à vivre dans les marais. Elle s'y nourrit surtout de papyrus et de roseaux, s'immergeant parfois complètement pour chercher de la végétation aquatique. Poursuivie par un prédateur, elle peut faire de même, en ne laissant dépasser que ses naseaux. Ici, un mâle dans le delta de l'Okavango.

Double page précédente : Dans certaines régions d'Afrique, comme l'Okavango, les éléphants vivent surtout dans les zones marécageuses. Cela contraste avec les autres régions d'Afrique où l'espèce fréquente surtout la savane sèche. Néanmoins, les éléphants sont capables d'entreprendre de longs déplacements à la recherche d'un point d'eau. Éclectique, l'éléphant d'Afrique trouve dans les marais une nourriture en abondance, qu'il n'a pas forcément dans les régions d'Afrique de l'Est.

Page de gauche : Contrairement à une idée reçue, le lion n'est pas très abondant en Afrique. Ses effectifs ont été réduits localement, certaines épidémies ayant même entraîné des disparitions quasi totales en Afrique de l'Est.
La surfréquentation de certains parcs par les touristes est aujourd'hui l'un des facteurs de propagation de ces agents pathogènes. La sous-espèce occidentale du lion d'Afrique – dont le mâle se caractérise par l'absence de crinière – est en très mauvaise posture. Il resterait moins de 1 000 individus.

Ci-dessus : Dans le delta de l'Okavango, on dirait que s'est reconstituée toute la faune traditionnelle de la savane africaine. Même les lions ont suivi leurs proies aquatiques et fréquentent les abords des marais.

La végétation aquatique joue un rôle essentiel dans l'interaction entre milieu aérien et milieu aquatique. Ces interfaces végétales participent notamment aux échanges gazeux nécessaires au maintien de la vie. C'est le cas de ces nénuphars dans le delta de l'Okavango, au Botswana. L'introduction d'espèces envahissantes, de plus en plus fréquente, peut perturber fortement ces équilibres écologiques.

Les nénuphars géants du Pantanal au Brésil sont aussi vastes que des plateaux. Ils peuvent supporter des oiseaux aquatiques qui les utilisent lorsqu'ils chassent à l'affût dans les mares ou les marais de cette région, riches en diversité animale.

Ci-dessus : Les zones humides ont mauvaise réputation. Sans doute parce qu'elles abritent des insectes, vecteurs de maladies graves, comme ce moustique en Guyane, posé sur un nénuphar. C'est aux XVIIe et XVIIIe siècles qu'une grande campagne d'assèchement des milieux humides eut lieu en de nombreux endroits d'Europe pour éradiquer la malaria (paludisme).

Double page suivante : Au début du printemps, les mâles des grenouilles vertes s'en donnent à cœur joie dans les étangs et les marais d'Europe tempérée. Dilatant leurs sacs vocaux, ils coassent à l'unisson pour attirer les femelles. La réduction des milieux aquatiques, continue depuis le début du XXe siècle, a entraîné une forte diminution des amphibiens un peu partout à travers le monde, lesquels sont également confrontés à des pathologies (virus, parasitoses, mycoses) de plus en plus nombreuses.

Page de gauche : On dirait des êtres unicellulaires photographiés au microscope électronique. En réalité, il s'agit de tout autre chose : des hippopotames regroupés pour prendre un bain de boue, dans le parc de la Rwindi, en république démocratique du Congo. Ce comportement non seulement les protège des ardeurs du soleil, mais la croûte de boue qui se forme en séchant les prémunit également des parasites, des mouches et autres insectes piqueurs.

Ci-dessus : Le bassin du Congo héberge encore de belles populations d'hippopotames. Ces animaux raffolent des bains de boue. Si l'espèce est en bon état de conservation sur l'ensemble de son aire, il n'en va pas de même pour son proche cousin, l'hippopotame nain, d'Afrique de l'Ouest, dont les effectifs ont fortement diminué au cours des dernières décennies. Cette espèce, plus forestière, vit notamment en Liberia, pays qui a connu un conflit armé important, avec des répercussions sur la vie animale sauvage.

Ci-dessus : L'ingéniosité de l'homme lui a permis de produire sa nourriture de base dans les endroits les plus improbables. En Chine, la riziculture en terrasses allie le milieu montagnard, d'accès difficile, et la culture d'une céréale très exigeante en eau.

Double page suivante : L'eau dans tous ses états ! Ici, des chutes près de Paro Taksang, au Bouthan. De sa source à la mer, le fleuve traverse et irrigue une grande diversité de milieux. L'eau est le point de départ de la vie animale et végétale. De l'homme aussi. Au même titre que les milieux naturels, et face à des lendemains climatiques incertains, l'eau doit être, à la surface de notre planète, de plus en plus protégée.

Double page précédente : Dans le nord du Japon, l'île d'Hokkaido accueille chaque hiver des milliers de grues de plusieurs espèces, venues pour la plupart de Chine et de Sibérie orientale. La grue du Japon est sans doute la plus remarquable, et ses danses nuptiales comptent parmi les plus beaux spectacles que puisse nous donner le monde des oiseaux.

Ci-dessus : L'emblème des États-Unis d'Amérique a bien failli disparaître. Le pygargue à tête blanche – tel est son nom – a été pourchassé pendant longtemps, mais il a surtout souffert de l'emploi abusif de pesticides comme le DDT. Depuis que les autorités américaines se sont aperçues que l'espèce était au bord de l'extinction, à la fin des années 1960, des mesures réelles de protection ont été prises. Aujourd'hui, le « bald eagle » a retrouvé des couleurs et son avenir n'est plus menacé. Ce jeune oiseau en témoigne, prenant un bain hivernal dans un marais de Colombie-Britannique.

Double page précédente : Lorsque les saumons adultes, après avoir passé leur vie dans l'océan, remontent pour frayer dans les rivières de leur naissance, c'est l'heure du festin qui sonne pour les ours grizzlis. En effet, les poissons amaigris, affaiblis par la remontée du courant, et qui vont mourir dans les jours qui suivent après s'être reproduits, deviennent des proies faciles pour les ours : ceux-ci n'ont parfois qu'à tendre la patte ou le museau pour les attraper.

Ci-dessus : La pêche traditionnelle, comme ici à l'épervier, sur le fleuve Niger, permet à des familles entières de vivre dans bien des pays du monde. Elle est cependant de plus en plus remplacée par une pêche plus industrielle et intensive qui conduit à l'éradication complète de certains poissons. En outre, sur d'autres continents comme en Asie et en Amérique du Sud, ces pêches « modernes », moins sélectives, ont contribué depuis une ou deux décennies à réduire le nombre des dauphins de rivière, pris dans les grands filets, en même temps que le poisson. Toutes ces espèces de dauphins d'eau douce sont aujourd'hui menacées d'extinction.

Les climatologues estiment que les changements climatiques en cours, du fait de l'augmentation des gaz à effet de serre, pourraient avoir comme impact une recrudescence des événements climatologiques extrêmes : tempêtes, sécheresses, inondations. La France – et d'autres pays en Europe – a connu depuis le début du XXIe siècle des inondations très importantes comme en Picardie au printemps 2001 ou ici en Camargue, en novembre 2002.

Page de gauche : À deux pas d'une décharge à ciel ouvert, une aigrette semble pêcher, impassible, dans le delta du Danube, en Roumanie. Pourtant, ces pollutions insidieuses et multiformes perturbent gravement le cycle de l'eau et contaminent les sources. Cela est d'autant plus regrettable que nous sommes ici au sein d'un parc national.

Ci-dessus : Le problème de l'eau est sans doute l'un des plus grands défis écologiques du XXIe siècle auquel nous serons rapidement confrontés. Et ceci aussi bien quant à son accessibilité que son abondance ou sa potabilité.
Une eau abondante et saine est – au risque de le demeurer longtemps – une véritable gageure pour plusieurs milliards de personnes sur la planète. Comme pour cette femme qui lave sa vaisselle dans une rivière polluée du Népal.

Double page précédente : L'édification de grands barrages à des fins de production hydroélectrique modifie considérablement le régime des fleuves ou des rivières sur lesquels ils sont bâtis, notamment quand il s'ensuit des inondations définitives dues à l'élévation du niveau des eaux. Récemment, la construction du plus grand barrage du monde (les Trois Gorges), sur le fleuve Chang Jiang en Chine, a suscité un grand débat international. Plus de 100 villes et villages seront engloutis, et une population estimée entre 1,2 à 2 millions de personnes doit être relogée. Les autorités chinoises affirment que ce barrage est le moyen d'éviter de nouvelles crues destructrices pour la population. Des experts rappellent de leur côté les semi-échecs d'autres grands travaux de ce type, comme le barrage d'Assouan en Égypte. Quoi qu'il en soit, la biodiversité sera de toute façon affectée.

Ci-dessus : La Loire est, dit-on, indomptable. Comme beaucoup de fleuves « sauvages », elle reste en effet imprévisible. Des crues de fin de printemps peuvent subitement recouvrir des îlots de sable où s'établissent des colonies d'oiseaux, entraînant la mort des œufs et des poussins. La navigation n'y est pas possible partout et, par grandes sécheresses, on peut parfois la traverser à pied. Enfin, il est parfois dangereux de s'y baigner à cause de certains courants.

Page de droite : Il est bien connu que les inondations hivernales sont régulières, dans les basses vallées angevines notamment. C'est l'ampleur de ces éléments climatiques qui varie d'une année sur l'autre. Cet envahissement du milieu végétal par l'eau a, au fil du temps, permis l'établissement d'une flore remarquable et diversifiée. Au printemps, les oiseaux migrateurs trouvent dans les prés inondés une nourriture nécessaire à l'accomplissement de leur voyage de retour vers le nord. C'est le cas des canards ou de certains petits échassiers comme les barges ou les vanneaux.

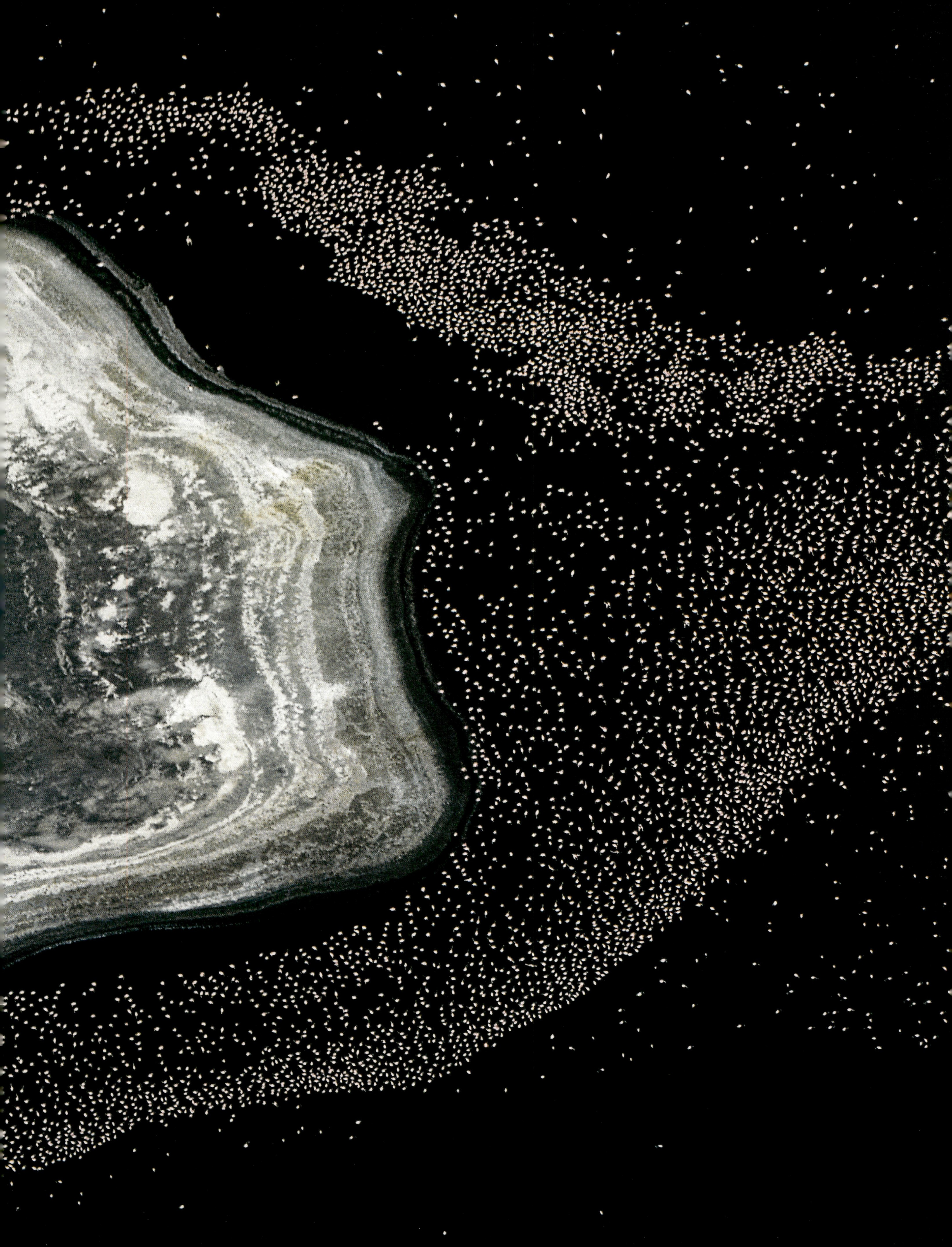

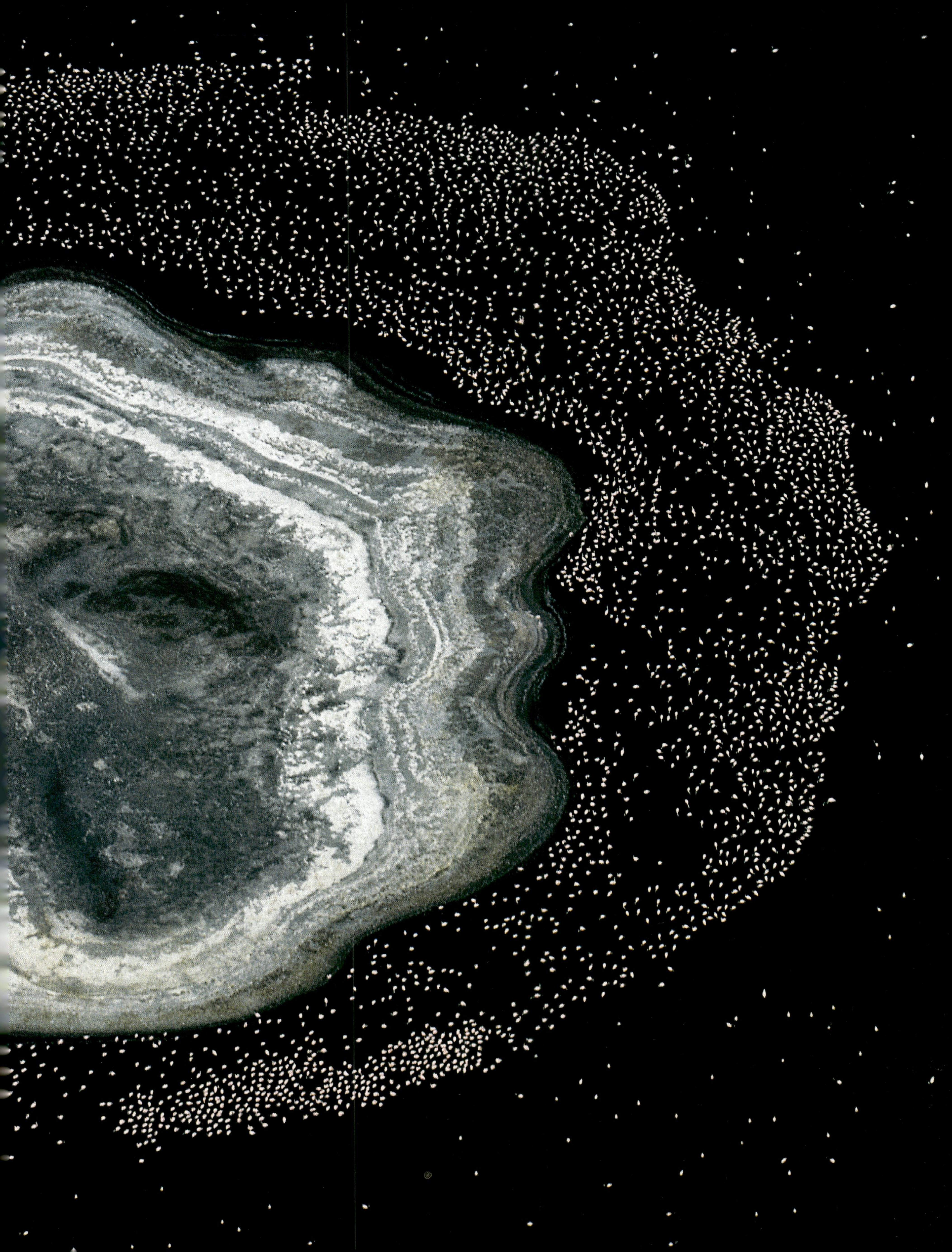

Double page précédente : Des milliers de flamants roses se sont réunis sur les rives du lac Bogoria, au Kenya, qui se trouve à l'emplacement du cratère d'un ancien volcan. Les zones humides intérieures sont des lieux de rassemblements pour les oiseaux aquatiques, tant pour se nourrir que pour se reproduire. La concentration des colonies permet à chaque individu d'être mieux protégé d'une attaque éventuelle par un prédateur, mais, dans son ensemble, la colonie reste fragile : si un accident climatique survient ou un agent pathogène se développe, ce sont des milliers d'oiseaux qui peuvent périr en peu de temps.

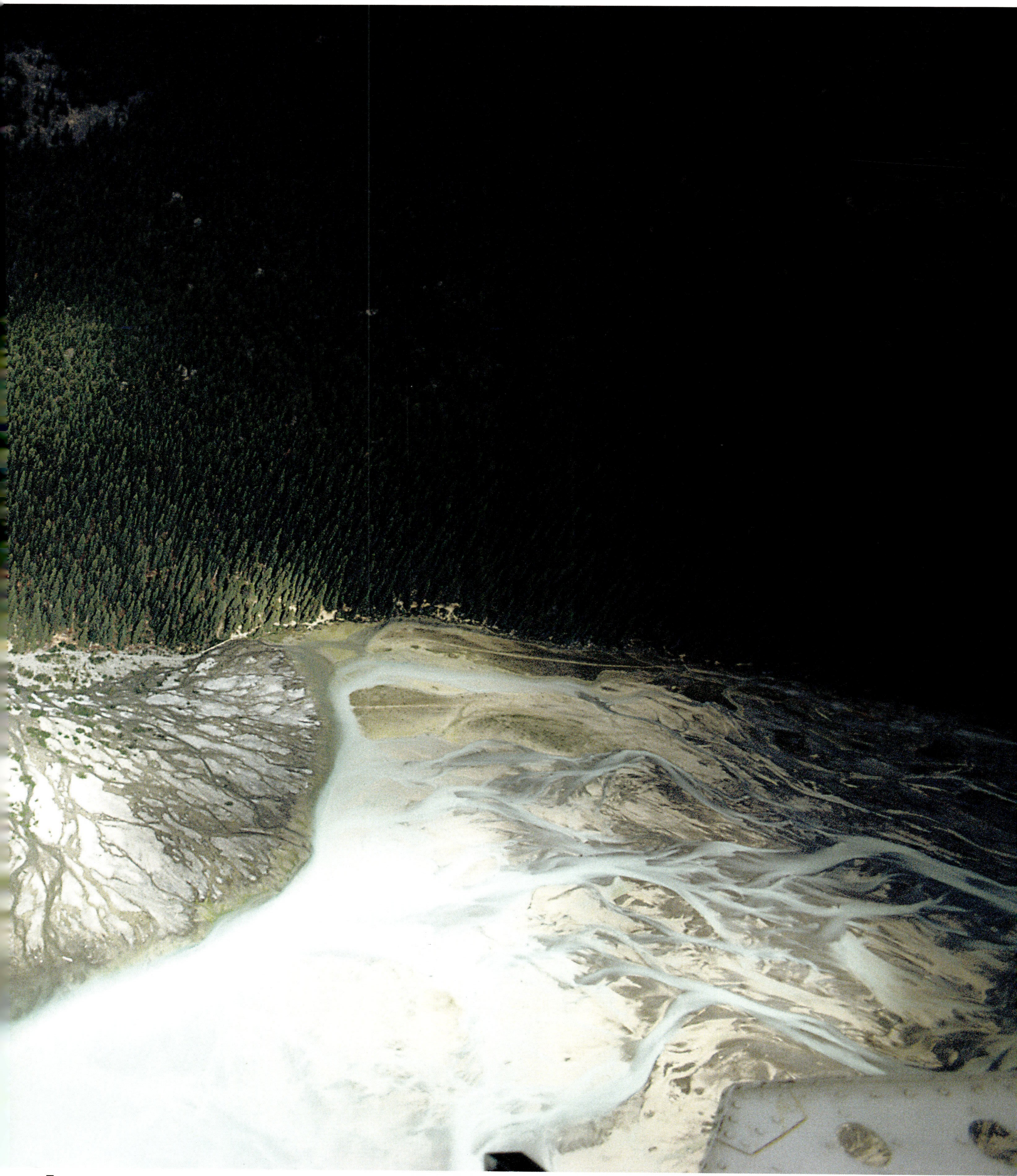

Ci-dessus : Le torrent glaciaire qui se jette dans ce grand lac de l'Alberta, au Canada, forme, à son embouchure, une sorte d'éventail. Il s'agit en réalité des matières alluviales que cette petite rivière charrie depuis sa source. Cette matière minérale et organique est d'une grande importance. Elle vient, en quelque sorte « nourrir » le lac dans lequel elle est déversée. On voit clairement ici le rôle de l'eau comme transporteur de matière organique, nécessaire à la vie.

Sur la rivière, tandis que le soleil se couche, un castor est sorti de sa hutte à la recherche de nourriture. En France, le castor a bien failli disparaître, victime de destruction humaine, directe (chasse) ou indirecte (travaux d'aménagement des cours d'eau). Les associations de protection de la nature ont travaillé pour son retour et, de nos jours, il est à nouveau présent sur quelques fleuves et rivières du pays. Contrairement à son cousin américain, le castor d'Europe est surtout nocturne.

Chargé d'une proie de bonne taille, le balbuzard pêcheur regagne son nid où il élève deux jeunes. Cet aigle pêcheur a failli disparaître d'Europe dans les années 1960, victime comme d'autres rapaces, des pesticides. Aujourd'hui, grâce à une protection accrue, ses effectifs ont bien augmenté. En France, il s'est établi dans le centre du pays alors qu'il ne nichait plus qu'en Corse.

Page de droite : Le Bec-en-Sabot que certains disent proche des cigognes, vit dans les marais de papyrus les plus reculés d'Afrique centrale et de l'Est. On estime que la population mondiale comprend entre 10 000 et 15 000 individus.

Ci dessus : Le moindre plan d'eau, la plus petite mare devient, l'espace d'un instant, un lieu incroyable où grouille la vie. Ici en Amazonie, des papillons viennent par milliers se désaltérer.

Ci-dessus : Le lac Manasarovar, dans le Tibet occidental, situé à 4 600 m d'altitude, est le plan d'eau douce le plus haut du monde. D'autres lacs glaciaires, dans la chaîne de l'Himalaya, voient leurs eaux grossir du fait de la fonte accélérée des glaciers. Et le risque est qu'ils débordent et entraînent des inondations dramatiques en aval…

Double page suivante : Vues du ciel, les eaux de cette rivière prennent une étrange couleur. Ceci est dû aux sels minéraux qui proviennent des volcans tout proches.

Montagnes

Espace de grandes verticales, majesté imposante du minéral, la montagne est un milieu auquel je suis très attaché. Il n'est pas une montagne mais des montagnes. Falaises abruptes, éboulis, hauts plateaux, ces volumes nous imposent le respect et l'admiration. Mémoires de la Terre et – souvenirs de son agitation géologique passée – témoins silencieux de son devenir, ce n'en sont pas moins des milieux vivants, recelant des trésors de biodiversité.

Jeune ours brun jouant dans la neige du Parc national Katmai, en Alaska.

Chaque montagne est différente, et pourtant, la place du minéral, l'incroyable défi à la pesanteur comme les conditions particulières et difficiles de vie les rassemblent en une même famille d'écosystèmes. Que ce soit dans les hautes altitudes de l'Himalaya, de la cordillère des Andes ou plus près de nous dans les Alpes, les montagnes corses, les pics ou les sierras espagnoles, on ne peut que s'émerveiller des facultés du vivant à s'adapter à un milieu si difficile. Les pentes sont fortes, le sol est pauvre et rare, et plus on monte vers les sommets, plus les conditions climatiques imposent à la vie des adaptations caractéristiques de ces milieux extrêmes. En altitude, l'oxygène se raréfie, les écarts de température entre le jour et la nuit sont importants. L'eau y est inconstante et la vie doit supporter des froids intenses, des vents parfois violents ; le soleil étant plus proche, l'agression des rayonnements ultraviolets y est plus franche. Et pourtant, pour hostile que soit ce milieu, la vie s'y est installée, participant au sublime des paysages, et les montagnes hébergent une vie aux formes originales. Dans des sites inhospitaliers et parfois d'accès périlleux, le vivant s'accroche, se développe. Dans le moindre recoin de rocher, une graine portée par le vent arrivera à pousser et c'est un arbre qui habillera un flanc de falaise. Sur les éboulis, les plantes prennent des formes de petits coussins, augmentant ainsi leur surface pour récolter eaux de pluies et de ruissellement tout en résistant à la pente. La végétation rabougrie, ramassée sur elle-même, est souvent clairsemée. Le vent trouve peu de résistance sur son passage et, dans ces conditions bien défavorables, les araignées ont renoncé à construire leurs toiles pour attraper les insectes. Elles les chassent à terre.

Dans des sites inhospitaliers et parfois d'accès périlleux, le vivant s'accroche, se développe.

Comme pour les animaux, une plus grande diversité végétale a tendance à s'observer vers l'équateur, là où l'ensoleillement et la pluviométrie sont forts. En général, des températures basses et plus variables en altitude entraînent une diminution de la diversité dans les montagnes. En revanche, à la manière des îles et des archipels, les montagnes sont le refuge d'espèces adaptées à ces conditions, avec des populations très localisées, parfois « endémiques », c'est-à-dire propres à telle région et tel écosystème, sans échange possible avec l'extérieur. Elles sont donc particulièrement vulnérables à la destruction de leur habitat particulier, aux maladies ou à tout changement climatique. Le royaume végétal y est d'une diversité inouïe, allant des mousses aux plantes à floraison complexe ou aux gigantesques séquoias. Ainsi, plus de 1000 espèces de plantes poussent dans la région alpine du Caucase. L'isolement et la rudesse de ces régions ont donné lieu à une évolution des espèces, désormais menacées par le surpâturage. Les Amériques centrale et du Sud renferment une des plus grandes diversités d'espèces qui soient, de la forêt vierge aux plateaux désertiques d'altitude, de la forêt tempérée aux sommets enneigés des Andes – du nord des Andes à l'Équateur occidental, en passant par le Chili central jusqu'à la Patagonie. L'environnement de ces dernières doit absolument être protégé. Toute destruction ou pollution de cette région aurait un effet désastreux sur les eaux qui alimentent le fleuve Amazone, ses affluents et la plus grande forêt tropicale du monde.

D'accès pourtant difficile, c'est un milieu sur lequel l'homme gagne petit à petit. La végétation est éliminée pour permettre à l'agriculture de se développer, de s'intensifier, le pâturage impose une pression de plus en plus forte. Les activités touristiques endommagent elles aussi ces milieux superbes et fragiles. Combien sont les randonneurs qui oublient qu'ils devraient être d'humbles visiteurs dans de tels paysages et réduire au maximum les traces de leur passage ? Lorsque les montagnes comme d'autres espaces plus proches de notre quotidien se couvrent de détritus, ce sont de véritables injures et dangers pour ce milieu et la vie qui y subsiste. Et que dire des pistes de ski qui, ici, éventrent une forêt, là aplanissent le relief, détournant les eaux au passage de leur cours normal pour alimenter les canons à neige ? Toutes ces activités humaines en montagne détruisent le milieu, utilisent les ressources et poussent ainsi le vivant dans les quelques recoins encore préservés.

La biodiversité des hauteurs se réfugie dans des espaces de plus en plus petits, difficiles d'accès et durs à la survie, de plus en plus distants les uns des autres, véritables îlots de vie à la dérive. Ainsi l'apollon, papillon que l'on retrouve en Europe de l'Ouest, s'implante chaque année un peu plus haut. Le milieu transformé ne lui permet pas de survivre. Il remonte ainsi de 20 mètres par an mais il ne pourra le faire indéfiniment, les conditions de vie étant également plus difficiles pour lui en altitude. Progressivement mais inéluctablement, les espèces se trouvent repoussées et isolées et les différents groupes sont de plus en plus petits et éloignés les uns des autres, ce qui met en péril la survie même de l'espèce. Ces îlots d'animaux et de végétaux sont alors encore plus fragilisés face aux catastrophes naturelles qui ne pourront être que plus fréquentes à la faveur du changement climatique amorcé et face à leurs prédateurs.

Des groupes de taille restreinte, des zones de plus en plus éloignées sans espaces de passage et d'échange, des individus ne pouvant plus se rencontrer et ces espèces de montagne aux adaptations si particulières vont vers l'extinction. Cette régression des populations et leur isolement sont un phénomène silencieux. Les îlots de rescapés sont poussés un peu plus chaque jour vers une chute à venir qui sera alors brutale et irrémédiable. Ainsi, les ours, animaux de plaines au Canada, n'ont pu trouver chez nous de refuge que dans quelques coins de montagne où ils sont en danger.

Progressivement mais inéluctablement, les espèces se trouvent repoussées et isolées et les différents groupes sont de plus en plus petits et éloignés les uns des autres, ce qui met en péril la survie même de l'espèce.

En Afrique du Nord et en Europe – de l'Espagne aux Balkans et à la Turquie– le vivant montagnard et l'homme ont, depuis des millénaires, vécu un fécond mariage de raison, fait de nature et de civilisation imprimant la géographie des montagnes – les alpages en témoignent encore de nos jours –, avec leur cortège de races domestiques locales, autre élément clé de la biodiversité. La transhumance des ovins et ses principaux parcours attestent de la double spécificité de ces pratiques pastorales, à la fois méditerranéenne et montagnarde. Elles ont profondément influencé les écosystèmes, et ce n'est sans doute pas un hasard si les montagnes du bassin méditerranéen sont incluses dans l'un des 25 « points chauds » névralgiques pour la conservation de la nature dans le monde. L'homme a su domestiquer environ 40 espèces animales. Puis en 12 000 ans, à la suite de travaux de reproduction sélective et de modifications écologiques, des milliers d'autres races de ces espèces sont apparues, n'ayant besoin que d'abris et de pâturages naturels, certes avec un moindre rendement en lait ou en viande. Le maintien de cette variété génétique s'avère plus que jamais nécessaire pour répondre aux besoins à venir, à cause du changement climatique et de son impact sur les écologies régionales.

Aujourd'hui, il s'agit non seulement de préserver les quelques lieux encore épargnés par la conquête humaine, mais aussi d'encourager la restauration de milieux désertés par la faune et la flore natives et de reconnaître nombre de savoirs et pratiques locales d'utilisation de la biodiversité, naturelle et domestique, comme des contributions essentielles au patrimoine mondial de l'humanité. C'est un formidable enjeu mais surtout une condition indispensable pour l'avenir des écosystèmes, de ces espèces comme pour le nôtre. Saurons-nous respecter ces milieux si précieux, cette vie si extraordinaire et nous réconcilier avec la Nature ?

Double page précédente : La région des volcans du Kamtchatka, dans l'est de la Sibérie, figure parmi les dernières grandes régions montagneuses encore très préservées. Cette péninsule aussi grande que la France n'abrite que 450 000 personnes mais plus de 160 volcans, éteints ou actifs (ces derniers au nombre de 29). Quelques peuples – comme les Koryaks, les Itelmènes et les Evènes – y pratiquent encore l'élevage du renne.

Ci-dessus : Dans les hautes montagnes désertiques du Zanskar, en Chine, la biodiversité n'est pas foisonnante comme dans d'autres parties du monde. Mais ce sont des terres qui restent encore peu explorées des scientifiques. Il s'y trouve probablement quelques espèces – notamment des fleurs, des lichens ou des insectes – qui sont encore inconnues pour la science. Et peut-être de plus grosses surprises encore… En 2004, une espèce nouvelle de singe a ainsi été décrite dans les contreforts indiens de l'Himalaya.

Le gypaète barbu, le plus majestueux des vautours, vivait autrefois dans la plupart des grands massifs montagneux d'Europe. Au cours du XXe siècle, il a été extirpé des Alpes, trouvant refuge dans d'autres massifs comme ceux des Pyrénées, de Corse ou de Grèce, par exemple. Grâce aux efforts des conservationnistes, l'espèce a été réintroduite dans le massif alpin et l'on peut désormais voir voler ce magnifique rapace de l'Italie jusqu'à l'Autriche ou, comme ici cet adulte accompagné de son jeune, dans le Drakensberg, en Allemagne.

La flore de montagne est l'une des plus diversifiées de la planète. C'est à moyenne altitude que l'on trouve la plus grande variété. Au-dessus de 2 000 mètres, le nombre d'espèces est moindre, bien que les plantes aient développé des adaptations aux conditions climatiques rigoureuses, à l'instar de celles qui poussent près des pôles.
C'est le cas de ces saxifrages qui s'accrochent à la roche, croissent à l'abri du vent et dont les besoins nutritionnels sont faibles.

Jusqu'à la fin des années 1970, la transhumance des moutons des plaines vers les montagnes a été, en France, une tradition bien établie. On menait les moutons, à travers les drailles, jusqu'aux pâtures d'estive.
Là, sous la conduite et la surveillance attentive du berger et de ses chiens, les moutons passaient l'été avant de redescendre vers la plaine à l'automne. De nos jours, la transhumance se fait en camion. Les moutons passent l'été en altitude, parfois sans surveillance humaine. Dans les Pyrénées, les rares ours bruns survivants s'attaquent parfois à ce genre de troupeau qui n'est pas gardé. Si le risque d'une attaque, par un ours brun, d'un troupeau gardé et surveillé n'est pas nul, il est toutefois fortement réduit par rapport à un troupeau laissé sans surveillance.

Ci-dessus : Le grand panda est devenu, voici quelques décennies, le symbole de la conservation de la nature puisqu'il est l'emblème du Fonds mondial pour la nature (WWF). Cette espèce, découverte au XIXe siècle par un zoologiste français – le père Armand David – vit dans les monts du Sichuan, en Chine. Il n'en reste qu'un peu plus d'un millier en liberté qui se nourrissent exclusivement de bambous. Les autorités chinoises ont fait des efforts louables pour maintenir cette population relictuelle et favoriser sa reproduction en captivité afin de renforcer, le moment venu, le nombre d'animaux sauvages.

Double page suivante : Les extrémités des branches d'épicéa vont servir à garnir la litière de la grotte ou de l'anfractuosité où cet ours brun va hiverner, tout en laissant la neige en recouvrir l'entrée. Si, à l'échelle de l'Europe, l'ours brun n'est pas menacé, localement la situation est plus nuancée. L'ours des Pyrénées dont l'effectif ne dépasse pas une douzaine d'individus ne pourra survivre longtemps sans de nouvelles réintroductions et la volonté partagée localement de le laisser vivre.

Sur les hauts plateaux éthiopiens, à plus de 3 000 mètres d'altitude, il est surprenant de voir les troupes de geladas (des babouins) vagabonder parmi les chèvres, les moutons et les vaches. Ces singes, proches des babouins des savanes africaines, recherchent principalement les racines, les bulbes et autres plantes dont ils se nourrissent. À la fin du jour, ils regagnent les escarpements rocheux ou les falaises pour passer la nuit en groupe.

Contrairement au lama, le guanaco est une espèce (proche des dromadaires et des chameaux) qui n'est pas domestiquée. Cependant, des analyses génétiques ont montré qu'il était l'ancêtre du lama. L'espèce, un peu moins montagnarde que l'alpaga ou la vigogne, est aussi la plus australe, atteignant les plaines et les collines de la Patagonie. Au cours des deux derniers siècles, le guanaco a souffert de la chasse (bien qu'il soit aujourd'hui protégé), de la modification de son milieu et de la concurrence avec le bétail.

Ci-dessus : La chaine de montagnes qui comprend le mont Mac Kinley, en Alaska, est encore vierge d'aménagements humains. La très faible population de cet État américain, l'éloignement de toute grande ville, la difficulté d'accès l'ont jusqu'alors préservée. Pour combien de temps encore ?

Double page suivante : Les vautours ont été longtemps pourchassés en Europe. On les rendait responsables d'enlèvements d'agneaux, de lapins, de volailles (et même d'enfants !) alors qu'ils sont strictement nécrophages. Le vautour fauve est un parfait « éboueur de la nature » qui nettoie les alpages des cadavres d'animaux domestiques. En France, les protecteurs de la nature ont entrepris de le réintroduire dans ses anciens bastions (Cévennes, Alpes) alors qu'il n'était plus confiné que dans les Pyrénées. Cette action est un succès reconnu dans le monde entier.

Double page précédente : Depuis plusieurs siècles, l'histoire du loup est étroitement liée à celle de l'homme. Ce grand prédateur, ancêtre de notre chien domestique, n'est pas accepté par l'homme dans certains pays d'Europe. Depuis lors, il remonte peu à peu vers le nord du massif alpin, avec des effectifs réduits. Ce qui pose la question de la réconciliation de la vie sauvage et des activités humaines en montagne, notamment celle de l'élevage ovin.

Ci-dessus : En France, le lynx fait un timide retour dans l'est du pays, notamment dans le Jura. Mais il souffre d'une mauvaise réputation – à l'image des autres grands prédateurs – et même s'il est protégé, des cas d'empoisonnement sont régulièrement rapportés.

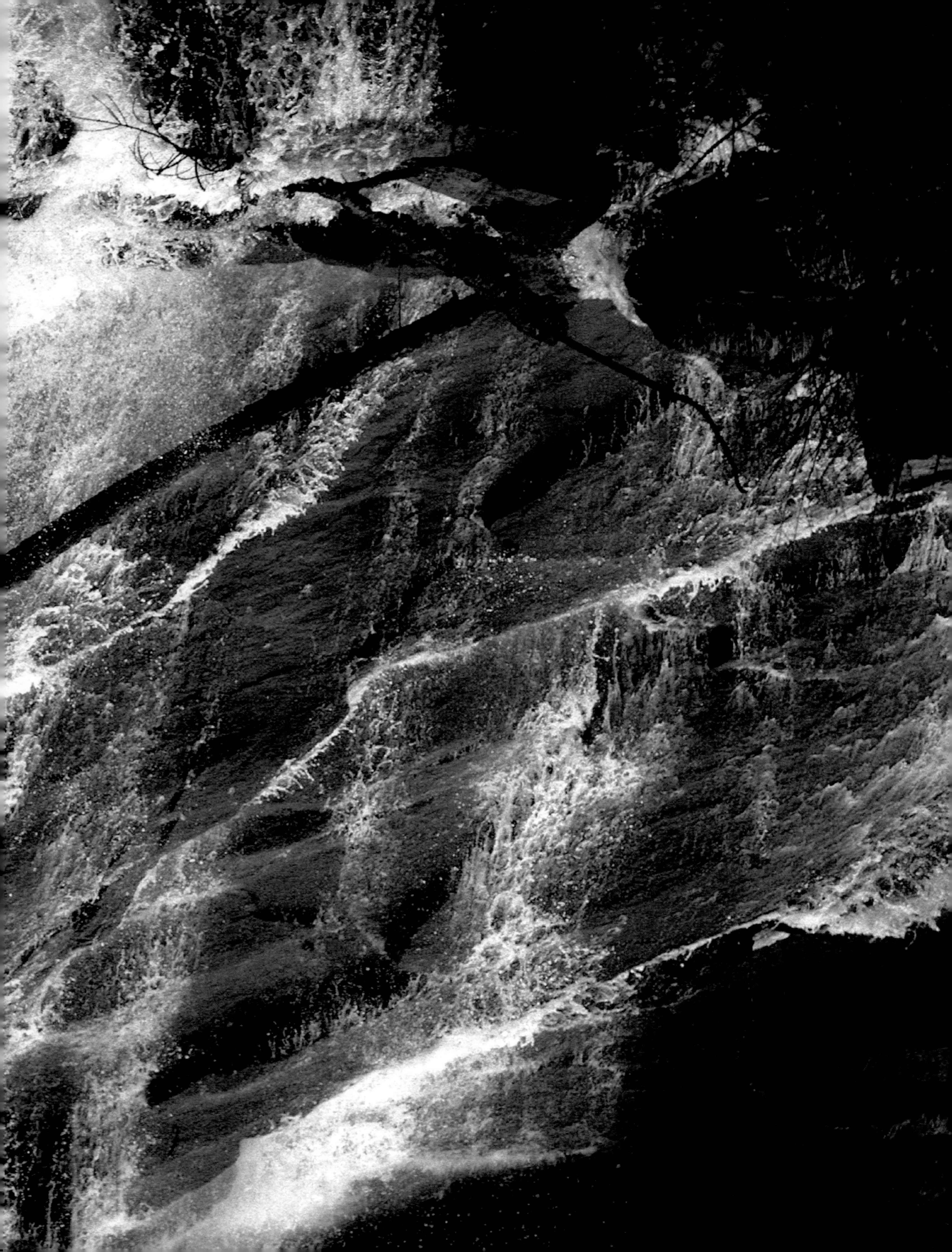

Double page précédente : Au moment du rut, en automne, les mâles de bouquetins se livrent à de violents combats pour l'obtention des femelles. Ces joutes sont plus spectaculaires que mortelles, et l'individu qui ne se sent pas de taille à poursuivre, se retirera du secteur, laissant son protagoniste courtiser les femelles. Le reste de l'année, les mâles mènent une existence solitaire.

Ci-dessus : Les marmottes sont des rongeurs que l'on rencontre soit en montagne, comme ces marmottes des Rocheuses d'Amérique du Nord, soit dans les grandes steppes d'Asie centrale. En Europe, les populations sont florissantes, et en France, la marmotte, initialement originaire des Alpes, a été introduite avec succès dans le Massif central et les Pyrénées.

Page de gauche : Comme un grand nombre de glaciers alpins, la mer de Glace, en Savoie, s'est considérablement réduite au fil du XXe siècle. Ainsi, on l'apercevait autrefois de Chamonix, ce qui n'est plus le cas aujourd'hui.
Avec une superficie de 40 km^2 et une longueur de 7 km, c'est l'un des plus grands glaciers d'Europe. Bien que les glaciers puissent être soumis à des phases cycliques d'avancées et de retraits, on sait désormais que le réchauffement climatique en cours est en partie responsable de la fonte des glaciers.

Ci-dessus : La silène acaule est typiquement une plante capable d'endurer des conditions climatiques sévères.
Elle a trouvé le moyen de croître au sein de lapiaz minéral, alors que la neige n'a pas fondu. Ceci grâce à la structure en coussin des feuilles et des tiges qui constituent une protection remarquable contre les vents asséchants en hiver et une exposition minimale aux éléments extérieurs. En été, la surface des feuilles exposées est importante, permettant une parfaite photosynthèse. On trouve cette espèce, et d'autres qui lui sont proches, à la fois dans les milieux montagnards mais également à plus basse altitude, dans la toundra, où les conditions climatiques sont très similaires.

C'est dans ce type de milieux escarpés, comme cette rivière qui coule entre deux falaises d'une montagne du Monténégro, que la faune et la flore vivent encore dans une relative quiétude en Europe. Les zones totalement sauvages rétrécissent rapidement sur l'ensemble du Vieux continent et le tourisme permet d'aller à peu près partout. Pourtant, la déprise agricole entraîne ici et là – et notamment en milieu montagnard – un retour du « sauvage » qui fait les délices de certaines espèces animales.

Forêts

Il y a mille forêts sur Terre. Tellement différentes que l'on peut se demander s'il s'agit bien du même milieu. Quel rapport, en effet, entre la forêt tempérée européenne, « domestiquée », et celle, exubérante, des massifs équatoriaux ? Ou encore entre la mangrove, cette forêt « pieds dans l'eau » qui borde des mers tropicales, l'immensité de la taïga, véritable jungle glacée tour à tour dense et clairsemée, et la toundra, forêt « miniature » avec ses arbustes et buissons nains, aulnes, bouleaux, saules, formant des landes ?

Parmi les forêts non tropicales les plus impressionnantes de la planète, se trouvent celles de la côte pacifique nord-américaine, de l'Alaska à la Californie. Dans cet État, les immenses séquoias croissent dans des forêts plus ou moins humides, recouvertes de mousses et de fougères géantes. Souvent prises dans les brumes de l'océan, la hauteur incroyable des arbres (plus de 50 m) les fait émerger des nuages, conférant aux lieux, comme ici dans le Redwood National Park, une magie supplémentaire.

Cette multiplicité d'univers ne laisse jamais indifférent. Même si, selon son origine, sa culture, on se sent sans doute plus à l'aise dans l'un que dans l'autre. Je connais tous les recoins de la forêt de Rambouillet, au sud-ouest de Paris, y ayant vécu des moments de total émerveillement à observer les hardes de biches ou à écouter bramer le cerf.

Il est sans doute plus difficile, pour l'homme occidental, de vivre et de se fondre dans l'univers de la forêt tropicale. Je suis heureux d'y apprendre et d'y découvrir des choses mais je n'y vivrais pas. Ce qui est aussi extraordinaire dans les forêts tropicales – réservoir de plus des trois quarts des espèces végétales et animales connues, pour une superficie ne couvrant que 7 % de la planète – c'est la difficulté d'y observer le vivant. Malgré une fabuleuse diversité de vie, ces forêts sont en même temps cryptiques, elles se dérobent devant nous. Hormis les singes qui se dévoilent, on entend plus que l'on ne voit. Parfois, la vie jaillit tout à coup, comme dans les « salines » du Congo ou du Gabon, ces ouvertures dans la forêt, zones salées et humides où les arbres n'ont pas poussé. Comme si l'on soulevait le couvercle de la forêt. Il arrive alors que se produisent des rencontres bouleversantes avec la faune, notamment les gorilles.

Les forêts des régions tempérées, aux latitudes moyennes, abritent des arbres à feuilles caduques tandis que sous les latitudes plus extrêmes, les forêts dites boréales, composées de conifères, sont les plus répandues dans le monde en termes de superficie. On y rencontre aussi de fantastiques forêts « primaires » où l'on peut se sentir aussi dépaysé qu'au fin fond de l'Amazonie. En Colombie-Britannique, par exemple, où la forêt humide héberge de grands animaux comme l'ours grizzli ou le loup au pelage allant du blanc au noir de jais. Plus près de nous, les forêts comme celle de Bialowieza en Pologne (où vit encore le bison d'Europe) nous plongent subitement dans ces milieux qui devaient couvrir toute l'Europe il y a encore 12 000 ans. La démesure de la taïga dépasse l'imaginaire du voyageur. Elle forme une bande forestière de 500 à 1 500 km de large, s'étendant en Amérique et en Eurasie, sur une surface équivalente à vingt fois la France et 8 % de la surface des continents. Parmi les espèces les plus fréquemment rencontrées, on trouve des épicéas, des sapins et des mélèzes. Le sol est tapissé de lichens et d'airelles dont le feuillage rougit aux premiers gels, dès la fin août. La taïga partage avec la toundra une caractéristique commune, la prédominance du gel. Ce sont des terres au sol gelé en profondeur et toute l'année. Le dégel ne s'effectue, en été, qu'à la surface du sol, permettant à la végétation de s'installer. En dessous le sol gelé, héritage de la dernière glaciation, explique la présence d'animaux parfaitement conservés, comme ces mammouths découverts dans d'anciennes tourbières gelées de Sibérie. En Europe nous n'avons plus guère de forêts primaires. Elles ont été « domestiquées » et exploitées par l'homme. La forêt cultivée de pins des Landes ne ressemble pas à celle des landes et marécages originels de la région, pas plus qu'à l'image de la forêt de notre imaginaire.

Les forêts connaissent des sorts bien différents d'une région à l'autre du globe. En Europe de l'Ouest, et singulièrement en France, la forêt se porte plutôt bien. La déprise agricole favorise un retour des milieux boisés. Le retour du « sauvage », en quelque sorte. Avec la réapparition de grands prédateurs comme le lynx et le loup... Jamais d'ailleurs, les cervidés (chevreuil, cerf) ou le sanglier ne se sont aussi bien portés qu'aujourd'hui. En revanche, la forêt primaire nord-américaine a diminué de près de 90 % depuis que les Européens ont posé le pied sur ce continent. Ailleurs, la forêt boréale prospère également. Il semble bien que les changements climatiques en cours, avec l'augmentation du gaz carbonique dans l'atmosphère, soient favorables à la pousse des arbres ; et à leur expansion vers le nord au détriment de la toundra. Ce paysage ouvert où croît une végétation rase et vivent des millions d'oiseaux notamment, recule peu à peu devant l'avancée vers le nord de la taïga. Les experts estiment qu'en certains endroits, la toundra pourrait régresser de moitié d'ici la fin du siècle.

Malgré une fabuleuse diversité de vie, ces forêts sont en même temps cryptiques, elles se dérobent devant nous. Hormis les singes qui se dévoilent, on entend plus que l'on ne voit.

Avec les pôles et les océans, l'Amérique latine, les Galápagos et Madagascar, ce sont les forêts tropicales qui engendrent le plus de craintes quant à l'avenir de la diversité biologique de notre planète. Surtout composées d'arbres à feuilles persistantes dans les régions à forte hygrométrie, d'arbres à feuilles caduques dans les régions subissant des périodes de sécheresse, d'arbres clairsemés formant une savane boisée dans les zones arides, partout les forêts tropicales disparaissent à grands coups de tronçonneuses, de l'Amazonie à l'Indonésie, au Sud-Est asiatique en passant par le bassin du Congo ou les forêts de Guinée en Afrique occidentale.

Le feu, souvent provoqué par les éclairs d'orage, fait partie du cycle naturel de régénérescence de ces forêts. Il détruit la canopée, permettant à la lumière de pénétrer jusqu'au sol, et aux jeunes arbres de pousser. Mais d'autres feux sont allumés par les hommes, soit volontairement pour dégager les zones cultivables, soit accidentellement.

Faut-il rappeler qu'un médicament sur quatre aujourd'hui utilise une molécule ou un principe actif provenant des forêts tropicales ? La perte de biodiversité compromet aussi les chances de la médecine de demain.

La destruction de la forêt expose le terrain à l'érosion et aux inondations, éliminant rapidement les sols. En quelques années, l'agriculture y devient impossible. Et là où la couverture forestière est importante, son influence sur le climat est capitale. Quand les forêts sont morcelées, la végétation et la faune de chaque parcelle se retrouvent isolées et des phénomènes d'extinction locale se produisent. Chaque année, c'est environ 140 000 km² – soit plus du quart de la superficie de la France – qui disparaissent ainsi ! Pour ne citer qu'un seul exemple, il ne reste que 7 % de la superficie originelle de la Mata Atlântica du Brésil, cette fantastique forêt atlantique.

La forêt tropicale est un réservoir prodigieux – et sans égal – de la biodiversité. L'acharnement avec lequel on s'ingénie à la faire disparaître donne le frisson. Combien d'espèces sont ainsi rayées de la planète, sans jamais, pour beaucoup d'entre elles, avoir été inventoriées et décrites par les scientifiques ? Sait-on qu'un seul arbre de la forêt péruvienne peut héberger 600 espèces de coléoptères ? S'il venait à disparaître, avec les espèces qui lui sont associées, combien d'espèces anéanties à jamais ? Et faut-il rappeler qu'un médicament sur quatre aujourd'hui utilise une molécule ou un principe actif provenant des forêts tropicales ? La perte de biodiversité compromet aussi les chances de la médecine de demain.

La forêt de Bornéo, l'une des plus belles forêts tropicales humides de la terre, vient d'être quasiment anéantie en une quinzaine d'années seulement. Soixante pour cent du massif, partagé entre la Malaisie et l'Indonésie, ont été dévastés. C'est un saccage absolu, qui donne la nausée. Pour exploiter quelques bois précieux, c'est toute la forêt alentour qui est détruite, avec la couche d'humus qui permettrait au sol de se reconstituer. Et je garde en mémoire une image pathétique, pénible, des conséquences de ces destructions en chaîne : deux petits orangs-outans orphelins, chassés de leur couvert forestier protecteur, agrippés l'un à l'autre, lançant un regard terrifié vers leur mère qui venait de s'électrocuter sur une ligne électrique... Il y a quelques années encore, les orangs-outans (dont le nom signifie en malais « homme des bois ») pouvaient traverser Bornéo du nord au sud, sans quitter la forêt. Aujourd'hui c'est impossible. Il ne leur reste que quelques îlots forestiers cernés de constructions ou de friches.

Enfin, en touchant à l'ensemble du vivant dans les forêts tropicales, on atteint les hommes qui y vivaient en harmonie depuis la nuit des temps. Que restera-t-il, d'ici la fin de ce siècle, des Korowais, qui habitent encore, en Irian Jaya (Papouasie-Nouvelle-Guinée) dans des cabanes perchées à 40 ou 50 mètres de hauteur ? Pour s'extraire des brumes qui enveloppent cette forêt et sans doute fuir leurs ennemis, ils ont bâti leurs maisons au sommet des arbres. Enfants et petit bétail vivent également en altitude. Quel avenir pour ce peuple des arbres, qui communique en sifflant, victime des appétits (et des maladies) de la « civilisation » ? Maintenant que celle-ci a posé son pied sur tous les continents, il ne reste guère de lieu à l'abri sur la Terre. Peut-être au plus profond de l'Amazonie, quelques peuples de la forêt qui, volontairement, sont restés à l'écart de la culture voisine dominante. Il n'est pas certain que les exploitants forestiers, les prospecteurs d'or ou de pétrole, et la souveraineté des États, les laissent longtemps tranquilles... Pourtant, ces hommes avec leurs cultures, leurs valeurs, leur vision du monde et du vivant ont tellement à nous apprendre. Eux qui considèrent les autres êtres vivants de la forêt comme leurs égaux, de véritables *concitoyens*, dans l'acception la plus politique du terme.

Ci-dessus : La forêt tropicale est le milieu où l'on trouve le plus grand nombre d'essences d'arbres différentes. Dans certaines parties de l'Amazonie ou de l'Asie du Sud-Ouest, jusqu'à 100 espèces arborées diverses peuvent cohabiter sur un seul hectare. Ici, dans le Queensland en Australie, les palmiers forment un sous-couvert forestier important, laissant peu filtrer la lumière.

Double page suivante : De la forêt à la savane, les ancêtres de l'homme ont découvert la bipédie et sont partis à la conquête de leur environnement. De nos jours, certains hommes vivent encore dans la forêt et grâce à elle. Au fond de l'Amazonie, du Gabon ou de la Papouasie, ces peuples forestiers – appelés parfois primitifs ou premiers – ont su au cours des dizaines de milliers d'années, vivre en harmonie avec leur milieu, en ne prélevant que ce qui leur était nécessaire. Aujourd'hui, d'autres hommes avancent dans cette forêt, la mettent en péril, elle, et l'ensemble du vivant qui la compose, peuples forestiers compris.

Double page précédente : Aujourd'hui, toutes les sous-espèces de tigre sont en danger d'extinction. Des sous-espèces connues, 3 ont définitivement disparu : celles de la Caspienne, de Bali et de Java. On estime la population mondiale entre 5 000 et 7 200 individus, mais ce chiffre est peut-être surestimé. En Inde, dernier bastion pour l'espèce, il n'en reste plus que 3 500. En un siècle, les effectifs mondiaux des tigres ont chuté de 95 % – au début du xxe siècle, on estimait leur nombre à 100 000 !

Ci-dessus : Jouant dans la neige d'hiver, au cœur d'une grande forêt du sud-est de la Sibérie, ces tigres ignorent leur statut actuel. En effet, on ne compte plus aujourd'hui qu'environ 400 tigres de cette sous-espèce vivant à l'état sauvage. Plus que la perte de leur habitat d'origine, c'est la chasse qui leur a été faite pendant longtemps la responsable de ce déclin. En effet, on essaie aujourd'hui d'éviter les coupes à blanc là où l'espèce vit encore et l'on choisit de pratiquer des coupes plus sélectives pour maintenir des clairières qui attirent les ongulés dont le tigre se nourrit. À présent, on estime que la population sibérienne est stable.

Double page précédente : Les colibris ou oiseaux-mouches sont des oiseaux hautement spécialisés qui se nourrissent exclusivement du nectar des fleurs. Beaucoup d'espèces vivent en milieu forestier où abondent les fleurs épiphytes, facilement accessibles en hauteur, puisqu'elles poussent sur les arbres. Chaque espèce est munie d'un bec plus ou moins adapté aux fleurs dont elle se nourrit, comme ce campyloptère violet sur une érythrine du Costa Rica. Ces oiseaux jouent également un rôle majeur dans la pollinisation des fleurs en transportant le pollen d'une plante à l'autre.

Ci-dessus : Parmi les orchidées des zones tempérées, les plus remarquables appartiennent sans doute au genre *Cypripedium*, comme cette espèce – *Cypripedium franchetti* – que l'on rencontre au Yunnan, en Chine. En Europe, le fameux sabot-de-Vénus appartient au même genre : c'est une espèce très rare et totalement protégée.

Page de gauche : En France, comme dans plusieurs pays d'Europe de l'Ouest, la déprise agricole a entraîné un accroissement spatial du couvert forestier. Le « retour de la forêt » est flagrant dans maintes régions françaises où l'on n'avait pas connu pareille superficie depuis le... Moyen Âge ! Les grands mammifères en profitent comme le cerf, le chevreuil ou le sanglier, dont les effectifs n'ont jamais été aussi importants.

Ci-dessus : Plantée depuis plusieurs siècles, la forêt de pins couvre à présent en France une grande partie du littoral méditerranéen. Ce milieu n'héberge qu'une faible biodiversité animale et végétale. De plus, la forêt de conifères est très sensible aux incendies, lesquels sont de plus en plus nombreux. Les raisons de cette recrudescence tiennent à l'abandon des pratiques agropastorales, à la fréquentation humaine croissante en été, à l'urbanisation mais aussi aux sécheresses dont la fréquence a augmenté ces dernières décennies.

Page 310 : Un gorille des montagnes du Parc national des volcans au Rwanda. Le forfait de cet individu pourtant bien débonnaire ? Être herbivore, ressembler à King Kong et se trouver au cœur d'une guerre civile sans merci.
Page 311 : C'est l'orang-outan de la réserve Sepilok, à Bornéo. Sa faute ? Essayer de vivre coûte que coûte dans une forêt tropicale que l'on défriche à grands coups de bulldozers, de tronçonneuses ou d'incendies pour en faire d'immenses plantations de palmiers à huile. Triste avenir pour ces grands singes.

Ci-dessus : Aye-aye - un nom bien surprenant. Et quand on en connaît un peu plus sur la biologie de ce lémurien originaire des forêts côtières du nord de Madagascar, on est encore plus surpris. Nocturne, ce lointain cousin des singes possède d'immenses oreilles grâce auxquelles il peut détecter le bruit que font les larves d'insectes sous l'écorce du bois. Avec ses incisives qui croissent en permanence, il arrache cette dernière, puis ses doigts fins et effilés – surtout le majeur –, terminés par de longues griffes, lui permettent d'extraire les larves. Il est menacé d'extinction à cause de la déforestation.

Double page précédente : L'entomofaune – la faune des insectes – des forêts tropicales est encore mal connue. Il y a sûrement des milliers (des dizaines de milliers ?) d'espèces à découvrir. Avec les plantes, les bactéries et les champignons, le monde des insectes reste à découvrir, notamment dans les forêts. Combien d'espèces auront disparu de la surface de la Terre avant d'avoir été répertoriées ?

Page de gauche : Beaucoup d'espèces de batraciens sont actuellement victimes de maladies qui déciment leurs populations. À tel point que les scientifiques du monde entier ont tiré la sonnette d'alarme. Les batraciens risquent de bientôt disparaître totalement. Il semble que ce groupe d'animaux, à la fois terrestre et aquatique, ait du mal à s'adapter aux multiples changements que connaît la Terre : déforestation, pollutions, pesticides, réchauffement climatique, etc. Plus que d'autres, ils sont victimes d'agents infectieux (champignons, bactéries, virus) qui les rendent vulnérables.

Ci-dessus : L'histoire du crapaud doré est exemplaire. Découvert par des scientifiques dans les années 1960 au Costa Rica, l'espèce a disparu définitivement en 1987, en l'espace de quelques années. Les causes de cette disparition restent mal élucidées, mais il est possible que la hausse des températures ait modifié l'équilibre hydrique des forêts de Monteverde où il vivait, en asséchant un peu l'air. Les crapauds seraient alors devenus plus sensibles à un champignon pathogène provoquant une maladie mortelle.

Page de droite : Souvent colorés et de petite taille, les caméléons forestiers ne sont pas tous encore connus des scientifiques. À Madagascar, par exemple, il y a un grand nombre d'espèces, certaines ne dépassant pas la taille d'un ongle ! Un trafic d'espèces s'est organisé ces dernières années, les caméléons étant « à la mode » dans les pays occidentaux.

Ci-dessus : Le boa émeraude est sans doute le plus beau des grands serpents constricteurs. Proche parent de l'immense anaconda, il vit dans les forêts en Amérique du Sud. Il est arboricole et la couleur de sa peau lui permet de se confondre avec la végétation environnante.

Ci-dessus : Cette forêt hivernale en Franche-Comté est un véritable réservoir de biodiversité. Dans ces forêts persiste encore une faune remarquable mais menacée, constituée d'espèces reliques, témoins des temps où la forêt couvrait la plus grande partie du territoire actuel de la France. Au premier rang desquelles figurent le grand tétras, en voie d'extinction rapide, mais aussi la chevêchette d'Europe ou le pic tridactyle, qui vivaient là en nombre à l'époque glaciaire. Ou encore le lynx boréal dont le retour dans l'est de la France est récent.

Double page suivante : Cette fleur pèse 7 kilos et mesure 1 m de diamètre ; c'est la plus grosse au monde ! La rafflésie vit en parasite sur les tiges de vignes sauvages dans la forêt primaire de Sumatra et Bornéo, en Malaisie et en Indonésie. Les fleurs mâles et femelles poussent souvent éloignées les unes des autres et c'est probablement grâce aux insectes et autres animaux qui s'en nourrissent que cette plante peut se reproduire. Déjà rare, la rafflésie est menacée par la déforestation massive en cours dans ces régions d'Asie.

Double page précédente : La mangrove est une véritable forêt aquatique, une zone tampon entre l'élément marin et la terre. Poussant pieds dans l'eau, les palétuviers qui s'enracinent dans la vase jouent un rôle primordial contre l'érosion du littoral et servent en même temps de lieu de ponte et de refuge pour les poissons et de nombreux invertébrés. Leur présence contribue également à réduire les effets de certaines catastrophes naturelles comme les tsunamis.

Ci-dessus : L'île de Madagascar est un des hauts lieux d'endémisme pour la flore et la faune. C'est pourquoi elle fait partie des 25 « hot-spots » retenus à travers le monde. À eux seuls, bien que ne représentant que 1,4 % de la surface terrestre, ils hébergent 35 % des espèces de vertébrés (poissons exclus) et 44 % des plantes vasculaires. Comme ici les fameux baobabs dont il existe 6 espèces sur la grande île contre une seule sur le continent africain.

Ci-dessus : La coupe à blanc, comme celle-ci pratiquée en Oregon, aux États-Unis, est contraire aux principes les plus élémentaires de la foresterie raisonnée. Non seulement elle fait disparaître localement la plupart de la biodiversité animale et végétale, mais elle fragilise et appauvrit considérablement le sol, qui subit alors un véritable lessivage lorsque surviennent les pluies balayant la couche fertile.

Page de gauche : Cette photo aérienne, prise dans l'État de Washington, montre bien l'aspect de la forêt avant et après une coupe à blanc. Dans de nombreux endroits du monde, l'abattage total des arbres conduit à des glissements de terrain, parfois meurtriers, dès que surviennent des pluies torrentielles, les arbres n'étant plus là pour retenir la terre qui dévale vers la plaine. Certaines catastrophes, comme les tempêtes de décembre 1999 en Europe de l'Ouest, ont finalement moins de conséquences sur la biodiversité forestière que ce genre de coupe.

Ci-dessus : Les cultures mobiles sur brûlis sont des pratiques traditionnelles des peuples d'Amazonie : à très petite échelle et à proximité des villages, laissant à la forêt primaire le temps de se régénérer. Rien à voir avec les incendies gigantesques allumés par l'homme pour favoriser l'implantation de prairies ou de cultures industrielles de soja utilisées pour l'alimentation du bétail aux États-Unis et en Europe.

En bordure du fleuve Irrawaddy, en Birmanie, ces hommes ont bâti leurs cabanes sur des troncs de teck flottants. Une façon d'être au plus près de l'eau. Dans ces pays en voie de développement, le commerce des essences tropicales menace certaines espèces de grande valeur, comme l'acajou. Des essences de substitution à ces espèces rares sont aujourd'hui proposées dans les pays industrialisés et ce sont elles qu'il faut bien entendu privilégier.

Ci-dessus : Les amadouviers croissent sur ce vieux tronc dans une forêt de l'île Charlotte, en Colombie-Britannique (Canada). Les champignons sont des auxiliaires primordiaux des écosystèmes forestiers du fait même de leur rôle de décomposeurs et de recycleurs de la matière organique. Les amadouviers, appelés parfois « langues-de-bœuf », sont davantage parasites en s'attaquant aussi directement à la matière vivante des arbres.

Double page suivante : Cet arbre à carquois, dans le désert du Namib, est caractéristique des régions d'Afrique australe, ses branches creuses autrefois utilisées par les nomades chasseurs comme étuis pour leurs flèches lui ont donné son nom.

Les colobes bais de Zanzibar ont développé un curieux comportement. Ils sont friands des feuilles d'un arbre dont ils savent par ailleurs qu'elles leur donnent des maux de ventre. Pour soigner leurs douleurs – et continuer ainsi à se délecter de ces feuilles –, ils n'ont trouvé d'autre parade que d'aller voler du charbon de bois fabriqué par les forestiers. Ils se soignent donc exactement comme le feraient les humains face à cette pathologie

Page de gauche : Le papillon comète – *Argema mittrei* – est originaire de Madagascar. Ce sont ses longues queues qui lui ont valu le nom de « comète ». Les papillons éclosent d'une grosse chrysalide, souvent de nuit, et ont une forte odeur de champignon.

Ci-dessus : Actuellement on a décrit 1,75 million d'espèces de par le monde, dont plus d'un million d'arthropodes (insectes, crustacés, araignées). Il est possible qu'il y en ait encore autant à découvrir, principalement dans les forêts tropicales. Il y a également des dizaines de milliers de spécimens qui attendent d'être décrits dans les différents muséums d'histoire naturelle du monde entier. Mais, faute de personnel formé pour cette tâche, et surtout de crédits, ce travail reste en souffrance.

La famille des orchidées est l'une des plus abondantes de la flore mondiale avec environ 20 000 espèces et 700 genres. La plupart d'entre elles vivent sous les latitudes tropicales et équatoriales (comme cette espèce malgache) et sont épiphytes : elles ne peuvent se développer que sur un support vivant – dans la plupart des cas, les arbres.

Double page précédente : La taïga se colore de couleurs vives à l'automne, aux premiers gels survenant dès la fin août. C'est une forêt assez clairsemée, composée de résineux et de feuillus, qui occupe les régions circumpolaires d'Amérique et d'Eurasie, abritant lacs et zones marécageuses. Ce milieu se renouvelle sous l'action de feux naturels qui ont lieu en moyenne une fois par siècle. Le réchauffement climatique risque de favoriser son expansion vers le nord au détriment de la toundra.

Ci-dessus : Ces ombres chinoises qui progressent sur une tige sont des attas : des fourmis champignonnistes d'Amérique du Sud. Elles passent leur vie à découper des feuilles puis à les accumuler dans des chambres de culture ; lorsqu'elles se décomposent, ces feuilles forment une sorte de compost, servant à cultiver un champignon dont les fourmis se nourrissent. Ce système ingénieux permet en outre la fertilisation du sol. Chaque fourmi peut porter jusqu'à dix fois son poids en feuilles par voyage.

Milieux urbains

Cela fait déjà longtemps que j'ai fui les rumeurs de la ville. Dès que la possibilité m'en fut donnée, je me suis installé au plus près de la nature. Pour rompre un isolement sans doute paradoxal, mais aussi parce que dans une société urbaine, la nature est devenue presque une abstraction.

Il y a quelques années, un mâle de buse à queue rousse, vivant d'ordinaire en forêt, a décidé de s'installer en plein cœur de New York. « Pale Male » – c'est son nom – a même attiré une femelle, et tous deux ont bâti un nid et élevé des jeunes sur le balcon d'un immeuble. Jusqu'à ce que l'on décide de supprimer le nid, car les propriétaires ne pouvaient plus jouir de leur balcon. Mais, dans le même temps, des milliers de New-Yorkais révoltés ont manifesté dans la rue. Plusieurs sites sur le web sont à présent consacrés à ces deux oiseaux. Et nul doute qu'un prochain nid (artificiel) sera bâti pour « Pale Male » et sa compagne. Quand la nature s'invite en ville, elle peut générer des réactions très contradictoires chez les citadins...

Parmi les écosystèmes terrestres, la cité est le plus totalement artificiel. La main de l'homme a bâti ses structures et son fonctionnement. Pourtant même ici, dans cet univers de béton, de verre et d'acier, la nature reprend ses droits. Et c'est bien là l'incroyable : la ville est source de vies. Une petite herbacée modeste, le plantain, arrive à percer l'asphalte du trottoir tandis que le pied d'ailante (un arbrisseau originaire d'Amérique) est capable de croître dans l'interstice d'un mur, tout comme cette jolie fleur mauve appelée « ruine-de-Rome ». Sans compter ces dizaines d'espèces d'insectes, de reptiles, d'amphibiens, d'oiseaux surtout, et ces mammifères qui, au cours des décennies passées, ont ingénieusement colonisé la ville. Quelle extraordinaire leçon de vie, d'adaptation formidable à un milieu dont on ne peut pas dire qu'il soit très « naturel » ! La ville est, en quelque sorte, un hymne à l'ingéniosité du vivant. Certaines villes dans le monde ouvrent leurs bras à la vie animale, comme Vancouver, Perth ou Le Cap, par exemple. Les artères y sont larges, les vastes zones de stationnement périphériques contribuent à désengorger les centres-villes ; dans les nombreux et immenses parcs et espaces verts on retrouve parfois des sensations identiques à celles que l'on a en forêt. Les oiseaux notamment y sont les mêmes. Dans d'autres villes, comme Stockholm, les cours d'eau, leurs rivages, les lacs, les îles et les étangs sont abondants et accueillent en hiver des centaines de canards. Même à New York, Central Park est une sorte de « cœur vert » en pleine ville qui attire quantité d'animaux. À Paris, la fouine côtoie en pleine nuit la chouette hulotte, tandis qu'aux portes de la ville, rôde (à nouveau) le renard roux !

> Une petite herbacée modeste, le plantain, arrive à percer l'asphalte du trottoir.

Si l'on y regarde de près, c'était le cas aussi dans la plupart des villes moyennes françaises avant que les conditions du développement urbain de ces trente dernières années avec les zones artisanales, industrielles et résidentielles, les infrastructures de transport ne viennent progressivement couper la ville des espaces naturels et ruraux environnants, ou n'altèrent trop gravement l'état de santé des rares écosystèmes ainsi « avalés ».

Pour quelques dizaines d'espèces qui s'adaptent bien au milieu urbain, d'autres disparaissent devant la poussée des villes dans les campagnes. La transformation du paysage par les activités humaines, la fragmentation par les infrastructures de transport (échangeurs, routes, autoroutes…) entraînent une réorganisation des relations entre les espèces vivantes (faune et flore) et les milieux de vie qui composent les paysages. Le rapport de la ville avec son environnement est alors celui de l'exclusion, exclusion du paysage originel, de la nature, des espèces vivantes, allant jusqu'à toucher à leur tour les populations humaines les moins favorisées.

Les zones périphériques, souvent témoins d'une nature de proximité, sont peu à peu transformées. Et il n'y a pas toujours suffisamment de disponibilité pour des parcelles de nature dans les villes. Le vivant dans les villes peut trouver ses limites, tel le moineau, le fameux « piaf » tellement inféodé à la présence de l'homme. Dans certaines grandes villes d'Europe, comme à Londres, il disparaît à toute vitesse, victime sans doute de la pollution et de la disparition des insectes dont il se nourrit.

Aujourd'hui, plus de 60 % de l'humanité vit dans les villes. Dans les pays occidentaux, les campagnes se sont dépeuplées au tournant de la Seconde Guerre mondiale. À présent, le même phénomène a lieu dans les pays en voie de développement, sans doute de façon plus drastique et désordonnée encore. Ce faisant, le lien indissociable avec la nature et le sort commun que nous partageons avec l'ensemble du vivant sont rompus. Mais en oubliant volontiers le rôle pourvoyeur de biens et services, de la terre-mère nourricière qu'est la nature – l'industrie et la technique n'étant que des relais sur le chemin de l'approvisionnement à partir des ressources naturelles, renouvelables ou non.

Et puis, on continue à construire des villes avec des paramètres qui n'ont finalement pas évolué depuis le début du XXe siècle et qui ne sont plus adaptés ni à la démographie ni au flux des hommes dans l'espace urbain. La ville est devenue une « usine à stress », une succession d'agressions que l'on subit plus ou moins passivement. Tout cela, parce que les grandes agglomérations ne sont plus à l'échelle de l'homme. Mirabeau disait, un peu abruptement : « Les hommes sont comme les pommes, quand on les entasse ils pourrissent. » Changer le visage de la ville – il est grand temps d'y penser – c'est tout réinventer. Reconsidérer, par exemple, les modes de déplacement en ville et dans sa périphérie. Reconsidérer également les normes de pollutions atmosphérique et sonore. Repenser le bilan énergétique de tous les véhicules à court et moyen termes. Et peut-être, d'ailleurs, conduire l'industrie et la recherche à proposer d'autres moyens de déplacement que ceux dont nous disposons aujourd'hui.

Les demi-mesures telles qu'une journée sans voitures ne peuvent suffire à régler les problèmes de pollution atmosphérique. Nous sommes dans le symbolique, dans le « théâtre des apparences » où les mots sont importants ; mais, en l'occurrence, les actes restent la seule issue. Il faut appliquer de vraies stratégies, de vraies politiques et essayer, dans le temps, pour ne pas crisper et paralyser la société, de montrer des caps et des orientations.

Le maintien et la restauration de « corridors biologiques », ces espaces naturels indispensables aux déplacements de la faune et de la flore, exigent de s'intéresser à ce qu'il est convenu d'appeler la « nature ordinaire », ces espaces proches de nous, qui participent pleinement au remarquable équilibre dynamique de la nature par ailleurs protégée. La sauvegarde de ces « chemins de vie » requiert la responsabilité individuelle et collective de chacun. Elle donne la possibilité aux citoyens de participer, dans son environnement quotidien à l'exercice concret de protection et de respect de la nature qui l'entoure.

> Malgré les engagements internationaux et les discours, plus de 2 milliards de personnes n'ont pas accès à un service essentiel de fourniture en eau et en assainissement.

Parallèlement, le flux des hommes vers et dans les villes doit être repensé. La « révolution citadine » reste à faire ! Être capables d'opérer une évolution sociétale avec intelligence et sans attendre la démonstration du pire pour agir. Sans forcément faire les villes à la campagne, comme disait Sacha Guitry. Mais en pensant une cité où l'espace est maîtrisé, à échelle humaine, et connecté aux milieux naturels et aux écosystèmes environnants.

En 2015, 36 mégalopoles compteront plus de 8 millions d'habitants. Aujourd'hui, 60 % de l'eau puisée pour la consommation humaine est transférée aux régions urbaines (la moitié pour l'irrigation des récoltes alimentaires des villes, un tiers pour des usages industriels et le reste pour la consommation humaine et l'assainissement). Ce sont les plus pauvres qui supportent la plus lourde part du fardeau environnemental. Malgré les engagements internationaux et les discours, plus de 2 milliards de personnes n'ont pas accès à un service essentiel de fourniture en eau et en assainissement. Comme dans beaucoup de villes subsahariennes, où la croissance démographique est près du double de la croissance mondiale, se pose le problème de la gestion des eaux usées et des maladies susceptibles de proliférer lorsque le réseau d'assainissement est défaillant (dysenterie amibienne, typhoïde, diarrhée, pathologies pulmonaires...), véritables maladies du développement urbain, preuve que la nature et l'humain sont étroitement liés. Comme le soulève Pierre-Alain Roche, auteur de *L'Eau, enjeu vital pour l'Afrique*, les pays développés, si prompts à donner des leçons, sauraient-ils eux-mêmes faire face à l'avalanche des difficultés qui submergent aujourd'hui les pays en développement ?

Du haut de l'Empire State Building, à New York, ce pigeon domestique semble surveiller la ville. Comme ses congénères européens et asiatiques, le pigeon domestique est sans doute l'espèce d'oiseau la plus liée aux activités citadines. Issu de populations sauvages du pigeon biset, qui logeait dans les falaises, le pigeon « citadin » vit au voisinage de l'homme depuis des siècles. Localement, il pose des problèmes en étant vecteur de maladies ou en souillant les monuments de ses déjections.

Page de gauche : Rares sont les statues des villes sans la présence d'un ou deux pigeons domestiques, souvent ensommeillés, qui regardent d'un coin de l'œil déambuler les promeneurs. Quand ils sont nombreux, leurs fientes finissent par abimer les statues.

Ci-dessus : Ce couple de merles migrateurs d'Amérique a construit son nid entre deux amants qui posent pour l'éternité. Une manière de montrer que la vie se perpétue dans le monde animal, y compris dans les milieux les plus urbanisés.

Double page précédente : Que le feu soit vert ou rouge, la tourterelle turque ne bouge pas. Elle a choisi de faire son modeste nid de brindilles dans l'endroit le plus improbable de cette ville européenne. Comme son nom l'indique, cette espèce vient d'Asie Mineure et s'est répandue dans toute l'Europe au cours du xxe siècle. Alors qu'elle était principalement campagnarde dans son aire d'origine, elle a, pour des raisons mystérieuses, décidé de vivre le plus souvent au plus près de l'homme quand elle s'est mise à coloniser l'Europe.

Ci-dessus : Cette rue de Shanghai est noire de monde. À elle seule, la Chine héberge un cinquième de la population mondiale, soit un peu plus de 1,3 milliard d'habitants (et une densité importante de 135 habitants au km^2). Mais certains experts estiment aujourd'hui qu'en matière de démographie, l'Inde devrait rattraper puis dépasser la Chine d'ici quelques décennies.

Les hirondelles de fenêtre ne nichent jamais très loin des hommes. La plupart d'entre elles choisissent de construire leur nid, généralement fait de boue, sur les habitations, et bien souvent en ville : rebord de gouttière, avancée de toit ou de balcon sont autant d'emplacements. Outre l'emploi des insecticides, qui diminue la quantité de leurs proies, les hirondelles se heurtent à un manque de matériau pour construire leurs nids, et, surtout, ces derniers sont bien souvent détruits (alors qu'ils sont protégés par la loi) lors de travaux de ravalement de façade. En France, le nombre des hirondelles a chuté de plus de 80 % en moins de quinze ans.

Double page précédente : La vigueur de la nature force toujours l'admiration. Ici, une jeune pousse de peuplier a réussi à défoncer le bitume de la rue pour voir le jour et croître. Parfois, c'est une pâquerette ou un pied de plantain (petite graminée) qui fait de même, et les interstices des bordures ou des pavés des trottoirs montrent, à qui sait l'observer, un monde végétal qui a su s'adapter au passage incessant des piétons.

Ci-dessus : À l'affût, ce petit héron – un bihoreau gris – semble regarder fixement le reflet des gratte-ciels dans cette mare où il est venu chasser. Ces espèces qui vivaient autrefois dans des milieux très différents de celui des villes (marais, forêts) se rapprochent maintenant peu à peu de celles-ci, s'y installant même parfois durablement. Les grandes villes leur offrent le gîte et le couvert, et les parcs, de plus en plus paysagers, reconstituent, pour partie, des milieux favorables à ces espèces. Mais ce n'est bien sûr qu'un pis-aller qui ne saurait faire oublier la destruction des milieux naturels sauvages.

En plein cœur de New York, Central Park est vraiment le poumon vert de la mégapole américaine. Vieux de plus de 150 ans, il demeure le plus célèbre parc urbain des États-Unis. Avec ses 340 hectares, ses 93 km d'allées et ses 26 000 arbres, il est plus grand que la Principauté de Monaco. Une vie animale et végétale tout à fait remarquable s'y est développée, faisant la joie des naturalistes comme des simples promeneurs – quelque 25 millions chaque année.

De tous les êtres vivants, le rat est le plus commensal de l'homme. Depuis la nuit des temps, il suit discrètement les hommes dans tous leurs déplacements, s'installe près d'eux quand ils se sédentarisent et tire profit de toutes leurs activités. Le rat n'est plus vecteur de la peste ni de grandes épidémies, mais il reste *persona non grata* chez les humains, même si son travail consciencieux d'éboueur est particulièrement efficace. S'il n'y avait pas de rats à Paris ou à Londres, l'insalubrité souterraine serait beaucoup plus importante.

Surpris en pleine nuit, ce renard roux s'est aventuré jusqu'au cœur de la ville pour venir chercher sa pitance et « faire les poubelles ». Souvent pourchassé et considéré, à tort, comme « nuisible », le renard a su pourtant parfaitement s'adapter à la présence des villes et en tirer parti. Ce qu'il fait nuitamment, quand une éventuelle rencontre avec l'homme est faible.

CONRAD

Les villes situées en bord de mer et à des latitudes assez méridionales permettent à leurs habitants de découvrir le monde vivant maritime qui s'aventure parfois jusque dans les ports ou sur les plages.
Si le requin blanc n'est pas le bienvenu quand il croise devant certaines villes du nord de l'Australie, les baleines, en revanche, lorsqu'elles s'approchent, comme ici, créent un véritable spectacle dont les citadins ne se lassent guère. Sauf que cette baleine bleue est venue s'échouer devant Punta del Este en Uruguay et qu'elle y est morte.

Il suffit de peu pour vivre ce buddleia qui pousse à même un mur, en bordure de Seine, à Paris, nous en donne la preuve. Cet arbuste, appelé aussi « arbre à papillons », originaire de Chine, a été introduit en Europe il y a plus d'un siècle. Il s'est parfaitement acclimaté et a colonisé les friches, les jardins, et jusque dans les moindres recoins où il peut trouver un peu de matière organique pour pousser. Les plantes, peut-être plus encore que les animaux, ont développé des modes d'adaptation fantastiques pour survivre en milieu urbain.

Si les décharges à ciel ouvert font parfois les délices de certains oiseaux (goélands, rapaces) qui viennent s'y nourrir, elles ne sont pas sans risque pour eux. Comme d'autres, les cigognes blanches viennent chercher leur pitance sur ces lieux où la nourriture abonde. Celle-ci, hélas, prisonnière d'un sac plastique sur une décharge espagnole, a peu de chances de survivre. Par ailleurs, on ne compte plus les cas d'empoisonnement massif ou les morts par ingestion de produits toxiques dont sont victimes les oiseaux sur les décharges.

On estime aujourd'hui que presque 60 % de l'humanité vit dans les villes. Dans les années 1950, 65 % de la population mondiale habitait à la campagne... Dans les pays en voie de développement, cette migration urbaine est nettement plus importante qu'ailleurs, souvent née de l'impossibilité pour les paysans de cultiver leurs terres, devant la concurrence des grandes firmes internationales. Les gens s'entassent alors à la périphérie des grandes agglomérations dans des bidonvilles qui manquent souvent de l'hygiène la plus élémentaire.

La voiture a pris aujourd'hui une place considérable dans le milieu urbain. Les émanations de gaz qu'elle produit rendent la ville de plus en plus difficilement respirable. En témoigne l'augmentation des pathologies respiratoires et cardiovasculaires dans les mégapoles. Ces jeunes enfants qui manifestent contre la pollution urbaine dans les rues de Turin, en Italie, nous rappellent qu'il est temps de mettre en œuvre, en ville, des moyens de transport alternatifs à la voiture particulière.

Ci-dessus et double page suivante : Même dans l'univers citadin de béton, les hommes gardent un lien avec la nature. Ils ont besoin d'éléments qui leur rappellent le « vert » de la campagne : une simple plante dans un bureau, un pot de bégonias sur un balcon… Parfois – comme ici dans la gare d'Atocha à Madrid ou sur cet immeuble à Barcelone (double page suivante) –, les architectes intègrent l'élément végétal de manière beaucoup plus perceptible afin de donner l'illusion d'un milieu naturel. Dans cet esprit, les murs végétaux sont devenus de plus en plus courants sur les façades des immeubles des grandes villes.

Ici, dans un quartier déshérité de Bombay le linge sèche à perte de vue. Tandis qu'à l'horizon les cheminées de vieilles usines déversent leurs fumées polluantes...

Pour qui survole Oulan-Bator, le spectacle des yourtes mongoles côtoyant les barres d'immeubles de style soviétique est toujours surprenant. La steppe semble s'être invitée dans la ville. Bien des nomades ont choisi de se sédentariser aux portes de la capitale, mais ils ont tout de même conservé certaines de leurs traditions.

CRÉDITS PHOTOGRAPHIQUES

p.8 : © Alexis Rosenfeld ; p.12-13 : © Steve Bloom ; p. 14-15 : © L'Œil d'Andromède/Laurent Ballesta ; p. 16-17 : © Bios/Still Pictures/Unep/M. Flores ; p. 18-19 : © L'Œ il d'Andromède/Laurent Ballesta ; p. 20 : © Fred Bavendam/Minden Pictures/Joël Halioua Editorial Agency ; p. 21 : © Constantin Petrinos ; p. 22 : © Chris Newbert/Minden Pictures/Joël Halioua Editorial Agency ; p. 23 : © Constantin Petrinos ; p. 24 : © Constantin Petrinos ; p.25 : © Constantin Petrinos ; p. 26-27 : © Alexis Rosenfeld ; p. 28-29 : © Chris Newbert/Minden Pictures/Joël Halioua Editorial Agency ; p. 30-31 : © Brigitte Wilms/Minden Pictures/Joël Halioua Editorial Agency ; p. 32-33 : © Reuters/Maxppp/Miguel Vidal p. 34-35 : © L'Œil d'Andromède/Laurent Ballesta ; p. 36-37 : © Chris Newbert/Minden Pictures/Joël Halioua Editorial Agency ; p. 38-39 : © Bios/J.J.Alcalay/Marcon ; p. 40-41 : © Norbert Wu/Minden Pictures/Joël Halioua Editorial Agency ; p. 42-43 : © Philip Plisson ; p. 44-45 : © L'Œil d'Andromède/Laurent Ballesta ; p. 46-47 : © Doc White/Seapics.com/Joël Halioua Editorial Agency ; p. 48-49 : © Philip Plisson ; p. 50 : © Constantin Petrinos ; p. 51 : © Constantin Petrinos ; p. 52 : © Espen Rekdal/Seapics.com/Joël Halioua Editorial Agency ; p. 53 : © Flip Nicklin/Minden Pictures/Joël Halioua Editorial Agency ; p. 54-55 : © Yann Layma ; p. 56-57 : © Philip Plisson ; p. 58 : © Olivier Grunewald ; p. 62-63 : © Olivier Grunewald ; p. 64-65 : © Bios/Unep/Still Pictures/A. Gloor ; p. 66 : © Bios/M. & C. Denis-Huot ; p. 67 : © Michaël & Patricia Fogden/Minden Pictures/Joël Halioua Editorial Agency ; p. 68-69 : © Michaël & Patricia Fogden/Minden Pictures/Joël Halioua Editorial Agency ; p. 70-71 : © Frans Lanting/Minden Pictures/Joël Halioua Editorial Agency ; p. 72-73 : © Philippe Bourseiller ; p. 74-75 : © Philippe Bourseiller ; p. 76 : © Michaël & Patricia Fogden/Minden Pictures/Joël Halioua Editorial Agency ; p. 77 : © Michaël & Patricia Fogden/Minden Pictures/Joël Halioua Editorial Agency ; p. 78-79 : © Philippe Bourseiller ; p. 80-81 : © Olivier Grunewald ; p. 82 : © Bios/Théo Allofs ; p. 83 : © Art Wolfe/Joël Halioua Editorial Agency ; p. 84-85 : © Philippe Bourseiller ; p. 86-87 : © Philippe Bourseiller ; p. 88 : © Philippe Bourseiller ; p. 89 : © Afp Photo/Patrick Hertzog ; p. 90-91 : © Philippe Bourseiller ; p. 92-93 : © Olivier Grunewald ; p. 94 : © Art Wolfe/Joël Halioua Editorial Agency ; p. 95 : © Bios/Argus/Peter Frischmuth ; p. 96-97 : © Philippe Bourseiller ; p. 98-99 : © Philippe Bourseiller ; p. 100-101 : © Philippe Bourseiller ; p. 102 : © Bios/Muriel Hazan ; p. 103 : © Louis Marie Préau ; p. 104 : © Olivier Grunewald ; p. 105 : © Philippe Bourseiller ; p. 106-107 : © Philippe Bourseiller ; p. 108-109 : © Philippe Bourseiller ; p. 110 : © Jim Brandenburg/Minden Pictures/Joël Halioua Editorial Agency ; p. 114-115 : © Yva Momatiuk/John Eastcott/Minden Pictures/Joël Halioua Editorial Agency ; p. 116-117 : © Art Wolfe/Joël Halioua Editorial Agency ; p. 118-119 : © Art Wolfe/Joël Halioua Editorial Agency ; p. 120-121 : © Steve Bloom ; p. 122-123 : © Steve Bloom ; p. 124-125 : © Shin Yohino/Minden Pictures/Joël Halioua Editorial Agency ; p. 126-127 : © Konrad Wothe/Minden Pictures/Joël Halioua Editorial Agency ; p. 128-129 : © Jim Brandenburg/Minden Pictures/Joël Halioua Editorial Agency ; p. 130-131 : © Olivier Grunewald ; p. 132-133 : © Tim Fitzharris/Minden Pictures/Joël Halioua Editorial Agency ; p. 134-135 : © Philippe Bourseiller ; p. 136-137 : © Rapho/Hans Silvester ; p. 138-139 : © Rapho/Hans Silvester ; p. 140-141 : © Rapho/Hans Silvester ; p. 142-143 : © Olivier Föllmi ; p. 144-145 : © Michel Setboun ; p. 146-147 : © Afp/Hémisphères/Bertrand Gardel ; p. 148 : © Bios/Rémy Courseaux ; p. 149 : © Frans Lanting/Minden Pictures/Joël Halioua Editorial Agency ; p. 150 : © Philippe Bourseiller ; p. 151 : © Louis Marie Préau ; p. 152-153 : © Hoa Qui/Explorer/J.P.Lescourret ; p. 154-155 : © Philippe Bourseiller ; p. 156-157 : © Olivier Föllmi ; p. 158-159 : © Philippe Bourseiller ; p. 160 : © Bios/Peter Arnold/Heacox Kim ; p. 164-165 : © Michio Hoshino/Minden Pictures/Joël Halioua Editorial Agency ; p. 166-167 : © Frans Lanting/Minden Pictures/Joël Halioua Editorial Agency ; p. 168-169 : © Norbert Wu/Minden Pictures/Joël Halioua Editorial Agency ; p. 170-171 : © Uwpress. com/Amos Nachoum ; p. 172-173 : © Bios/Phone/Jean Paul Ferrero ; p. 174 : © National Géographic Image Collection/George F. Mobley ; p. 175 : © Michio Hoshino/Minden Pictures/Joël Halioua Editorial Agency ; p. 176-177 : © Art Wolfe/Joël Halioua Editorial Agency ; p. 178-179 : © National Géographic Image Collection/Bill Curtsinger ; p. 180-181 : © Michael Quinton/Minden Pictures/Joël Halioua Editorial Agency ; p. 182-183 : © Foto Natura/Chris Schenk/Minden Pictures/Joël Halioua Editorial Agency ; p. 184-185 : © Bios/Klein & Hubert ; p. 186-187 : © Michio Hoshino/Minden Pictures/Joël Halioua Editorial Agency ; p. 188 : © Tui de Roy/Minden Pictures/Joël Halioua Editorial Agency ; p. 189 : © Flip Nicken/Minden Pictures/Joël Halioua Editorial Agency ; p. 190-191 : © Art Wolfe/Joël Halioua Editorial Agency ; p. 192 : © Jan Van Arkal Foto Natura/Minden Pictures/Joël

CRÉDITS PHOTOGRAPHIQUES

Halioua Editorial Agency ; p. 193 : © Michio Hoshino/Minden Pictures/Joël Halioua Editorial Agency ; p. 194-195 : © Olivier Grunewald ; p. 196 : © Tui de Roy/Minden Pictures/Joël Halioua Editorial Agency ; p. 197 : © Olivier Grunewald ; p. 198-199 : © Steve Bloom ; p. 200 : © Kobe Van Looveren ; p. 204-205 : © Bios/Jean Jacques Alcalay ; p. 206-207 : © Frans Lanting/Minden Pictures/Joël Halioua Editorial Agency ; p. 208-209 : © Steve Bloom ; p. 210 : © Frans Lanting/Minden Pictures/Joël Halioua Editorial Agency ; p. 211 : © Bios/Théo Allofs ; p. 212 : © Frans Lanting/Minden Pictures/Joël Halioua Editorial Agency ; p. 213 : © Frans Lanting/Minden Pictures/Joël Halioua Editorial Agency ; p. 214-215 : © SA Team/Foto Natura/Minden Pictures/Joël Halioua Editorial Agency ; p. 216-217 : © Gilles Martin ; p. 218 : © Bios/M & C Denis-Huot : p. 219 : © Bios/M & C Denis-Huot ; p. 220-221 : © Yann Layma ; p. 222-223 : © Olivier Föllmi ; p. 224-225 : © Gilles Martin ; p. 226-227 : © Tim Fitzharris/Minden Pictures/Joël Halioua Editorial Agency ; p. 228-229 : © Michio Hoshino/Minden Pictures/Joël Halioua Editorial Agency ; p. 230-231 : © Philippe Bourseiller ; p. 232-233 : © Reuters/Maxppp/Jean Paul Pelissier ; p. 234 : © Rapho/Hans Silvester ; p. 235 : © Bios/Argus/Harmuth Schwarzbach ; p. 236-237 : © Rapho/Hans Silvester ; p. 238 : © Louis Marie Préau : p. 239 : © Louis Marie Préau ; p. 240-241 : © Philippe Bourseiller ; p. 242-243 : © Jim Brandenburg/Minden Pictures/Joël Halioua Editorial Agency ; p. 244 : © Louis Marie Préau ; p. 245 : © Louis Marie Préau ; p. 246 : © Rapho/Hans Silvester ; p. 247 : © Gilles Martin ; p. 248-249 : © Matthieu Ricard; p. 250-251 : © Philippe Bourseiller ; p. 252 : © Matthias Breiter/Minden Pictures/Joël Halioua Editorial Agency ; p. 256-257 : © Olivier Grunewald ; p. 258-259 : © Olivier Föllmi ; p. 260 : © Bios/Berndt Fischer ; p. 261 : © Bios/Fred Muller ; p. 262-263 : © Bios/Philippe Delobelle ; p. 264-265 : © Bios/Cyril Ruoso ; p. 266-267 : © Bios/Phone/Sylvain Cordier ; p. 268-269 : © Bios/Michel Gunther ; p. 270-271 : © Philippe Bourseiller ; p. 272-273 : © Yva Momatiuk/John Eastcott/Minden Pictures/Joël Halioua Editorial Agency ; p. 274 : © Bios/Sylvie Chappaz ; p. 275 : © Bios/Panda Photo/Ardito ; p. 276-277 : © Olivier Grunewald ; p. 278-279 : © Duncan Usher/Foto Natura/Minden Pictures/Joël Halioua Editorial Agency ; p. 280-281 : © Bios/Klein & Hubert ; p. 282-283 : © Rapho/Hans Silvester ; p. 284-285 : © Rapho/Hans Silvester ; p. 286-287 : © Sumio Harada/Minden Pictures/Joël Halioua Editorial Agency ; p. 288 : © Ask Images/Bernard Mollaret ; p. 289 : © Sumio Harada/Minden Pictures/Joël Halioua Editorial Agency ; p. 290-291 : © Rapho/Hans Silvester ; p. 292 : © Olivier Grunewald ; p. 296-297 : © Olivier Grunewald ; p. 298-299 : © Olivier Grunewald ; p. 300-301 : © National Geographic Image Collection/Michaël Nichols ; p. 302-303 : © Steve Bloom ; p. 304-305 : © Michaël & Patricia Fogden/Minden Pictures/Joël Halioua Editorial Agency ; p. 306-307 : © Mark Moffett/Minden Pictures/Joël Halioua Editorial Agency ; p. 308 : © Louis Marie Préau ; p. 309 : © Bios/Pierre Huguet ; p. 310 : © Bios/Cyril Ruoso ; p. 311 : © Minden Pictures/Shin Yoshino/Joël Halioua Editorial Agency ; p. 312-313 : © Frans Lanting/Minden Pictures/Joël Halioua Editorial Agency ; p. 314-315 : © Olivier Grunewald ; p. 316 : © Olivier Grunewald ; p. 317 : © Michaël & Patricia Fogden/Minden Pictures/Joël Halioua Editorial Agency ; p. 318 : © Bios/Thierry Montford ; p. 319 : © Gilles Martin ; p. 320-321 : © Bios/Sidamon-Pesson ; p. 322-323 : © Bios/Alain Compost ; p. 324-325 ; © Olivier Grunewald ; p. 326 : © Bios/Gabriel Meilhac ; p. 327 : © Bios/Still Pictures/Daniel Dancer ; p. 328 : © Bios/Still Pictures/Daniel Dancer ; p. 329 : © Rapho/Hans Silvester ; p. 330-331 : © Hoa Qui/J.L.Dugast ; p. 332-333 : © Cosmos/Aurora/Peter Essick ; p. 334-335 : © Olivier Grunewald ; p. 336-337 : © Stefano Unterthiner ; p. 338 : © Olivier Grunewald ; p. 339 : © Olivier Grunewald ; p. 340-341 : © Frans Lanting/Minden Pictures/Joël Halioua Editorial Agency ; p. 342-343 : © Olivier Grunewald ; p. 344-345 : Christian Ziegler/Joël Halioua Editorial Agency ; p. 346 : © Cal Vornberger ; p. 350-351 : © Reuters/Maxppp/Mike Segar : p. 352 : © Cal Vornberger ; p. 353 : © Cal Vornberger ; p. 354 : © Henk Harmsen/Foto Natura/Minden Pictures/Joël Halioua Editorial Agency ; p. 355 : © Henk Harmsen/Foto Natura/Minden Pictures/Joël Halioua Editorial Agency ; p. 356-357 : © Yann Layma ; p. 358-359 : © Christophe Meyer ; p. 360-361 : © Pascal Goetgheluck ; p. 362-363 ; © Cal Vornberger ; p. 364-365 : © Reuters/Maxppp/Mike Segar ; p. 366 : © Bios/Still Pictures/Ann Janice Godwin ; p. 367 : © John Hawkins/FLPA/Minden Pictures/Joël Halioua Editorial Agency ; p. 368-369 : © Reuters/Maxppp/Martin Rodriguez ; p. 370 : © Alain Le Toquin ; p. 371 : © Bios/John Cancalosi ; p. 372-373 : © Cosmos/Hélène Bamberger ; p. 374-375 : © Bios/Unep/Still Pictures/A. Doto ; p. 376-377 : © Alain Le Toquin ; p. 378-379 : © Alain Le Toquin ; p. 380 : © Rapho/Hans Silvester ; p.381 : © Michel Setboun.

Conseiller scientifique : Philippe J. Dubois

Iconographe : Marie-Christine Petit

Conception graphique et mise en page :

Achevé d'imprimer en septembre 2005
sur les presses de l'imprimerie ARTEGRAFICA à Vérone, Italie.
ISBN : 2-7324-3316-0
Dépôt légal : octobre 2005